북한이탈주민의 창업과 기업가정신

북한이탈주민의 창업과 기업가정신

초판 1쇄 발행 2021년 6월 21일

지은이	송영훈·김영지·김승진·윤승비·이지영·정마리안네
펴낸이	윤관백
펴낸곳	도서출판 선인
등 록	제5-77호(1998.11.4)
주 소	서울시 마포구 마포대로 4다길 4 곳마루빌딩 1층
전 화	02)718-6252/6257
팩 스	02)718-6253
E-mail	sunin72@chol.com

정가 13,000원
ISBN 979-11-6068-475-9 93300

강원대학교 통일강원연구원 연구총서 2

북한이탈주민의 창업과 기업가정신

송영훈·김영지·김승진·윤승비·이지영·정마리안네 지음

도서 출판 선인

왜 우리는 북한이탈주민 창업에 주목하는가?

송영훈*

　북한이탈주민 3만명 시대, 우리 사회의 이들에 대한 편견은 여전하다. 이런 상황에서도 북한이탈주민 창업자들에 대한 관심이 커지고 있다. 이들은 과연 누구인가? 또한 한반도 통일을 위한 핵심자원으로 어떤 역할이 기대되는가?

　2020년 기준 정책당국이 파악하고 있는 북한이탈주민 창업자들은 약 2,500여명에 이른다. 2015년 1,100명이 추산된 숫자에 비하면 4년 만에 약 1,400명이 증가한 것이다. 통일의 물꼬가 트이면 남과 북을 모두 경험해 본 북한이탈주민 창업자들은 자발적으로 북한개발사업에 참여할 잠재력과 의지를 가지고 있다. 그래서 우리는 북한이탈주민 창업자 군(group)이 지니고 있는 역량과 가능성에 주목해야 한다.

　강원대학교 통일강원연구원은 2020년에 '북한이탈주민 창업'에 대한 특별세미나를 총 6회 기획하고 운영하였다. 계획에 따라 코로나 19

* 강원대학교 기획처장, 정치외교학과 교수

팬데믹 상황에서 Zoom을 활용한 온라인 행사를 개최하였고 매회 지정된 참여자들 뿐만 아니라, 이 분야에 관심이 있는 북한이탈주민들과 관계자들의 적극적인 참여로 의미있는 논의를 진행하였다.

왜 강원대학교 통일강원연구원은 '북한이탈주민 창업'을 테마로 선정했는가? 사실 학계에서는 북한이탈주민 이슈를 소수자, 또는 취약층의 문제로 다뤄왔다. 그런데 북한이탈주민 창업이란 테마는 이러한 기존 프레임을 뛰어넘어 북한이탈주민을 새로운 각도에서 재발견할 수 있는 가능성을 열었다. 재발견의 본질은 패러다임의 전환을 요청한다는 것이다. 이러한 전환은 단 한번의 특강을 통해서 이루어지기 어렵다. 그래서 북한이탈주민 창업분야를 연구한다고 현장에서 발로 뛴 국내·외 신진연구자들과 총 여섯 차례 학술세미나 시리즈를 열게 된 것이다.

이런 취지를 이해하고 바쁜 시간을 쪼개어 이지영 서울사이버대 교수, 노은기 미국 럿거스 대학교 박사과정, 정 마리안네 오스트리아 비엔나 대학교 박사과정, 김승진 서강대 경영연구소 선임연구원, 김영지 강원대학교 연구교수, 신미화 일본 이바라키 그리스도교대학 경영학부장 교수가 돌아가면서 발제를 맡았다. 이 자리를 빌어 다시 한 번 전문가분들의 열정과 노고에 감사의 말씀을 전하고 싶다.

본 도서는 이 세미나에 참여한 대부분의 저자들이 연구네트워크를 통해 발표한 연구를 다듬어 책으로 엮은 것이다. 노은기 박사과정은 미국으로 돌아가 학위를 마쳐야 하고, 신미화 교수는 개인적 사정으로 단행본 작업에는 참여하지 못했다. 이를 대신하여 보훈교육연구원의 윤승비 박사가 단행본 작업에 참여를 수락하였다. 서장과 결장을 제외하고 본 도서는 총 5개의 장으로 구성되어 있다. 각 장은 북한이탈주민 창업에 대한 집중적인 이해를 돕기 위한 다양한 주제들을 아우르고 있다.

제1장 북한이탈주민의 취업과 적응에서는 남한에 정착하고 있는 북한이탈주민들의 취업과 적응에 관한 연구를 통해 북한이탈주민들을 채용하고 있는 고용주들과 북한이탈주민들의 고용·취업경험과 사회적응교육, 정부지원제도에 대한 서베이를 진행하였다. 그 내용은 북한이탈주민들의 취업과 적응에 필요한 교육 경험, 취업 선택 과정과 직장생활 경험, 정부 취업 제도에 대한 평가와 수령 경험을 조사하여 분석하였다. 이를 통해 수십 년간 북한의 사상과 이념의 틀 안에서 살다가 남한에 입국한 북한이탈주민들의 직장적응 실패원인을 실증적으로 분석하고, 해결방안을 제시하고 있다.

  북한이탈주민들은 집단주의 체제에서 살아왔기 때문에 자유주의 체제인 남한 사회에 적응하는 것이 매우 중요하면서도 어려운 문제이다. 특히 학연·지연·혈연 등의 사회적 기반이 전혀 없는 북한이탈주민들에게는 남한 사회 적응이 높은 장벽이며 충분한 사회 적응 교육과 시민 교육이 필요하다. 연구를 통해 북한이탈주민들이 이겨내야 하는 직업 적응의 한계와 취업과 적응에 필요한 노동시장·진로 관련 이론으로 정부 지원 정책을 평가하여 북한이탈주민들에게 실질적으로 도움이 되는 정책대안을 제시하려고 하였다.

  제2장에서는 북한이탈주민의 기업가정신을 살펴 볼 수 있다. 한국 정부 기관은 북한이탈주민에 대한 경제적 자립과 직업 훈련에 많은 노력을 기울이고 있다. 북한이탈주민들이 기업활동에 많은 관심이 있는 것으로 조사되고 있다. 이 연구는 고선석인 기업가 정신 이론에 기초하여, 창업 교육에 등록한 49명의 북한이탈주민들을 인터뷰함으로써 그들의 개인적 특성을 분석했다. 분석 변수는 진취성, 위험 감수성, 혁신성 및 자기 효능감이며, 또한 창업 동기와 네트워크에 대해서도 조

사했다. 빈도 분석을 통해 젊고 교육받은 탈북자 세대가 증가하고 있음을 밝혀냈다. 조사 대상자들이 기회를 활용하려는 의지가 많고, 본인의 기술에 대한 현실적인 평가를 포함하여 위험요소를 적절히 관리하는 것으로 조사되었다. 이 연구를 통해 북한이탈주민들이 높은 기업경영능력을 갖추고 있고, 주변 환경에 빠르게 적응하려는 태도를 볼 수 있었다.

제3장은 북한이탈주민의 기업가정신 실천 성공 사례를 제시한다. 이 장에서는 북한이탈주민들의 창업에 대한 관심이 높아짐에 따라, 북한이탈주민에 적합한 창업모델의 방향을 제안한다. 이 연구는 성공적인 북한이탈주민 창업사례를 선별하여 선별된 창업기업 대표자를 대상으로 1:1 대면방식의 심층 인터뷰를 진행하였다. 인터뷰의 주요 내용은 창업성공 노하우와 어떤 준비과정이 필요했는지 등이며, 특히 준비과정에 대한 외부 환경요인과 북한이탈주민의 개인적 특성으로 분류하여 분석하였다. 본 연구는 북한이탈주민 창업자들의 성공요인 분석을 통해 성공적인 창업 방향성을 제시하고 있다.

남녀의 성별은 사업규모나 활동성에 구분되지 않았고, 기혼자로 가족부양자가 많을수록 생활력이 강하고 정서적으로 유대감과 안정성, 책임감이 강한 것으로 나타났다. 남한사회의 적응기간은 최소 5년 정도이며, 직장생활은 적응기간과 함께 창업 자금 준비와 아이템 등 실질적 도움이 되었다. 또 학력이 높을수록 창업에서도 능력을 인정받고 있으며, 남한에서 기술교육은 창업의 기본으로 전문성과 함께 유익했다. 북한에서 사업 경험이나 제3국의 사업 경험은 창업에 유리했으며, 잘 할 수 있는 자심감으로 연결되었다. 특히 성공하겠다는 강한 의지와 책임감 및 열정은 강인한 정신력으로 인내성향이 강한 자가 목표를 달성하는 것으로 나타났다.

제4장은 편의점 창업에서 본 북한이탈주민 경제자립으로, 프랜차이즈 편의점 창업을 통하여 경제자립에 성공한 북한이탈주민 운영자를 중심으로 진행된 연구이다. 실패한 사례도 있지만, 본 연구에서는 성공한 사례를 중점적으로 조사 분석하여 소자본창업 준비 단계부터 운영과정, 안정적인 경제활동을 하기까지의 경로를 질적 연구 방법으로 진행하였다. 결과에서는 인터뷰 내용을 범주화 및 개념화하였고, 결론에서는 본 연구에서 도출된 내용을 중심으로 추후 북한이탈주민 소자본창업 및 창업을 위한 법적근거 마련, 원스톱 창업지원 시스템구축, 다양한 창업사례 발굴에 대해 제언하였다. 이 연구가 진행된 2014년 이후 북한이탈주민 경제자립과 관련한 연구들이 진행되고 있으나, 북한이탈주민이 직접 창업을 하면서 연구를 진행한 결과물은 찾기 어렵다는 점에서 이 연구의 의의가 크다.

제5장에서는 북한이탈주민 창업 토크쇼, 망고라면이라는 주제로 논의가 진행된다. 최근 북한이탈주민 창업생태계 내에서 북한이탈주민 (예비)창업자를 대상으로 하는 상설 프로그램은 줄어들고 있는 대신, 창업토크쇼 등의 이벤트가 늘어나고 있다. 이 연구는 북한이탈주민을 대상으로 하는 창업 토크쇼의 실제 운영사례를 분석하고 있다. 본 연구의 대상인 이그나이트 이노베이터스(주)의 망고라면(망설이지 말고 함께라면) 프로그램은 이러한 현상이 시작되는 초기단계 선두 그룹에 속하는 프로그램이다. 북한이탈주민 (예비)창업자들을 위해 기획된 망고라면 프로그램은 어떻게 이루어져 있는지 그 성과는 무엇인지를 사례연구를 통해 그 내용을 면밀히 분석하고 있다.

망고라면 프로그램은 북한이탈주민 (예비)창업자들에게 실질적인 창업역량을 높여주는 것을 목표로 북한이탈주민의 눈높이에 맞춘 창업 이벤트를 설계하고 운영하였다. 이를 통해 북한이탈주민 창업생태계 내에서 북한이탈주민이 이방인에서 주체로 세워지고 있었으며, 각 개약진에서 개방생태계로 나아가는 과정 속에서 능동적 행위자로 역할하였다. 이와 더불어 북한이탈주민 창업보육매니저가 사회적 관심을 받았으며 남한사람과의 포괄적 네트워킹을 통한 스마트 통일의 단서 등을 발견하는 토대를 마련하였다. 이러한 내용은 향후 북한이탈주민 (예비)창업자들을 위한 이벤트를 설계함에 있어서 중요한 시사점을 제공할 뿐만 아니라 궁극적으로 북한이탈주민 창업을 활성화시키는데 실무적 기여를 할 수 있을 것으로 예상한다.

　　이 책은 북한이탈주민 창업과 관련된 국내 최초의 단행본으로 향후 이 분야를 연구하는 연구자들에게도, 이 분야에 관심을 갖는 대중들에게도 도움이 될 수 있는 친절한 가이드북이 될 것이다. 남한과 북한 출신의 신진학자들이 각자의 프레임으로 북한이탈주민의 창업과 관련된 현상을 분석하는 시도는 다른 이슈 또는 다른 학문 분야에도 시사하는 바가 클 것으로 기대한다.

제1장

북한이탈주민의 취업과 적응

1. 머리말

북한이탈주민들에게 성공적인 정착은 곧 안정된 취업이다. 북한이탈주민들은 남한에 입국하여 잘 살아보려고 열심히 노력하고 있으며 정부의 지원정책도 높게 평가할 수 있다. 그런데 대부분의 북한이탈주민들은 한국사회 적응에 실패하고 있으며 그 핵심적 이유가 직장적응실패에 있다.

직장적응 실패 원인은 수십 년간 북한의 사상과 이념으로 살다가 남한의 정치·경제·사회·문화에 직응하기 매우 어렵기 때문이다. 한국사회 적응이라는 더 넓은 의미에서 볼 때 북한이탈주민이 사회공동체

---

* 서울사이버대학교 미래융합인재학부 국제협력·북한전공 특임교수, 대성타워이엔씨 대표.

의 구성원으로서 갖추어야 할 시민교육을 통해 민주적 공동체를 지켜내는 시민으로 양성할 필요가 있다(박상철, 2008).

이 연구의 문제의식은 대한민국에 입국한 북한이탈주민에게 충분한 적응교육을 하지 않고 사회에 진출하게 했기 때문에 적응실패 사례가 많고, 이를 해결하기 위해서는 충분하고 지속적인 직업교육·시민교육·정규교육 등 사회적응 교육이 필요하다는 것이다. 북한이탈주민들은 남한입국 후 여러 절차를 거쳐 최종적으로 하나원에서 12주(406시간)의 교육과 하나센터의 8일(50시간)의 기초적응 교육을 받고, 수료후 사회에 진출하여 자립적으로 알아서 생활하도록 되어 있다. 이처럼 짧은 교육으로 이질적인 사회에 적응하는 것이 북한이탈주민들에게는 쉽지 않은 일이다. 선행연구에서는 북한이탈주민의 사회적응을 위한 재사회화 교육을 재사회화를 위한 집중교육, 취업자 재사회화 심화과정, 재취업자 직장적응 및 성장단계교육의 3단계를 제시하기도 했다(조민희, 2019). 따라서 북한이탈주민의 직장적응 실패원인을 실증적으로 분석하고 해결방안을 제시하는 것이 이 연구의 목적이다.

정부는 1997년 7월 14일 최초로 「북한이탈주민의 보호 및 정착지원에 관한 법률」을 제정하였고 이후 북한이탈주민 증가와 남북관계 변화에 따라 18차례에 걸쳐 법을 새롭게 개정하면서 북한이탈주민의 사회적응을 위해 다양한 제도적 지원을 추진해오고 있다. 북한이탈주민을 위한 정부의 정착지원 제도는 초기에는 '보호'와 '적극적인 지원'의 원칙에서 동일한 수준의 시혜적 지원이 이루어졌지만 2005년부터 정착지원제도가 대폭 개편되면서 '자활과 자립'을 강조하는 프로그램이 추진되어 다양한 전략과 경제적 유인책을 내포하고 있다. 「북한이탈주민법」 제4조 2항에는 "국가는 보호대상자의 성공적인 정착을 위하여 보호 대상자의 보호·교육·주거·의료 및 생활보호 등의 지원을 지속적으로 추진하고 이에 필요한 재원을 안정적으로 확보하기 위하여 노력하여야 한다"로 규정되어 있다(통일부, 2018: 23).

정부는 북한이탈주민들의 경제적 안정을 위해 취업보호 담당관제도를 비롯한 각종 취업상담 및 직업훈련을 도와주고 있지만 북한이탈주민들은 남한 노동시장에서의 배제와 저소득, 고실업과 고용불안에 시달려 잦은 이직은 물론이고 유럽이나 미국 등 해외로 재이주하거나 다시 북한으로 되돌아가는 사례도 발생하고 있다. 현재 하나원과 하나센터의 단기간 사회적응교육으로는 남한 사회의 체제와 문화에 쉽게 적응할 수가 없고, 스스로 많은 시행착오를 겪으면서 사회적응의 고통을 경험해야 하기 때문에 북한이탈주민들의 정착이 어려울 수밖에 없는 실정이다. 그동안 3만 5천여 명의 북한이탈주민이 반복적으로 경험하고 있는 남한사회의 적응실패 사례들은 이들에게 평생교육 관점의 사회적응 교육이 뒷받침 되어야 성공적·안정적인 정착을 담보할 수가 있다는 것을 보여주고 있다.

2. 북한이탈주민 취업·적응이론과 정부정책

1) 북한이탈주민의 특성과 직업적응의 한계

(1) 북한의 국가·개인·직업관

평등과 분배의 원리가 공존하는 사회주의 집단체제에서 생활해온 북한이탈주민들은 사적재산을 관리한 경험이 전혀 없기 때문에 남한 사회 정착과정에는 다양한 변수들이 존재하며 사회적·물질적·정신적 적응에 성공한다는 것은 쉬운 일이 아니다(조인수, 2018). 따라서 남한의 정치·경제·문화·사회생활에 원만하게 적응하려면 북한에서 가졌던 국가·개인·직업관에 대한 고정관념을 버리고 물질적·정신적 적응에 대처하기 위한 적극적인 노력이 필요하다.

북한주민들의 국가관은 "조선이 없는 지구는 존재할 수가 없다"는 확신으로 전 세계가 우러러 칭송하는 민족의 태양을 모신 긍지와 자부심을 간직하도록 교육받았다. 세계 유일의 "무료교육, 무상치료, 세금 없는 나라"로 인식하고 있었으며 "이밥에 돼지고기를 먹으며 고래등 같은 기와집에서 행복하게 잘 살게 해준다"던 김일성의 유훈을 받들어 그날이 온다고 철석같이 믿고 충성과 효성을 다해 살았다. 또한, 그 누구도 건드릴 수 없는 강성대국으로 자처하면서 "전군 현대화, 간부화와 전민 무장화, 전국 요새화"된 군대와 인민이 있기에 북한은 언제나 백전백승한다고 믿어왔다. 유엔을 비롯한 국제기구들이 보내준 구제물자는 김일성, 김정일에 대한 존경과 흠모의 마음이 가득담긴 선물이라고 수령복으로 생각한다.

이에 대해 북한이탈주민들은 실제 북한의 모순을 잘 알지만 이상적이고 도덕적으로 옳은 것은 북한식사회주의라고, 개인주의보다 물질에 얽매이지 않고 공유하는 북한사회가 더 숭고하다고 생각하는 경우도 있다. 수많은 북한주민의 아사를 낸 사회주의의 한계를 목격했어도 경제적으로 풍족한 자본주의 황금만능주의를 비난하기도 하고 극단적 경쟁이 치열한 남한 사회에 대해서는 비판의식을 가지기도 한다. 비록 북한의 무료교육이나 무상치료가 무너졌다고 해도 남한사회에서 의료나 사교육에 많은 금액을 지불하는 것에 대해 거부감을 가지기도 하며 국가가 해결해 주지 않고 개인 스스로 해결하라고 하는 것에 대해서도 불만을 가지기도 한다.

수십 년을 북한에서 살아온 북한이탈주민들의 개인관은 나를 위해 사는 것이 아니라 당과 수령, 조국과 인민을 위해 한목숨 기꺼이 바쳐야 한다는 것이며 "혁명전사의 생명은 당과 수령을 위한 것, 혁명전사의 영예는 당과 수령의 명령지시를 철저히 집행하는 것, 혁명전사의 의리는 당과 수령의 은덕에 충성으로 보답하는 것"이라는 신격화 정신으로 무장되어 있고, "김일성·김정일의 교시와 지시를 신념화, 양심화, 도덕화, 생활화"하는 것이 몸에 밴 사람들이다.

북한은 60년대 이후 전통적 생활방식에서 사회주의적 생활방식으로 바뀌어 개인보다 집단을 위해 살도록 주민들을 교육했고, 금전적 이익보다 당과 수령에 대한 충성심, 고상한 공산주의 도덕품성을 우선시하면서 개인이기주의와 자본주의 황색바람은 반사회주의적 행동으로 치부하였다. 개인의 소중함을 잘 모르고 살았던 북한이탈주민들은 힘겨운 탈북 과정에 서로가 챙겨주고 이끌었으며 나보다 남을 더 믿었기 때문에 남한사회 정착 과정에 믿었던 사람에게 고소고발 당하거나 사기를 당하는 경우가 많다. 이렇게 배신을 당하고 나면 남을 쉽게 믿지 않게 되고 지나친 의심으로 번거로움과 손해를 보기도 한다.

북한주민들은 "믿음은 충신을 낳고 의심은 배신을 낳는다"고 인식하고 당과 수령의 믿음과 사랑에 목숨까지 바칠 각오로 사는 것을 최대의 영광과 행복으로 여긴다. 또한 육체적 생명은 친부모가 주지만 사회정치적 생명은 사회정치적 생명체의 최고 뇌수이신 수령이 준다고 생각하고 있으며, 혁명적 대가정론에 기초하여 수령, 당, 민의 관계를 아버지, 어머니, 자녀의 관계와 같다고 보고 있다.

북한에서의 직업은 개인의 선택이 아닌 중앙의 계획경제 체제에 따른 파견·배치로서 당의 명령지시에 따라서 맡겨준 혁명초소라는 사회적 의미이다. 사전적 의미로서는 개별적인 사람들이 사회적 노동의 일정한 분야를 맡아서 전문적으로 하는 일이라고 볼 수 있다. 남한의 직업 개념과 비교해 볼 때, 개인의 생계, 생활, 발전이라는 측면은 배제된 채 사회와 국가를 위한 역할 분담이라는 사회주의적 성격을 지니고 있다. 북한에서는 모든 직업이 신성하고 영예로운 것이며 당과 국가를 위해 노동하고 인민대중의 사랑과 존경을 받아야 한다는 집단주의 논리와 가치관이 존재한다.

북한의 직업선택은 북한정부의 인력수급계획에 따라 이루어지며 선발기준은 개인의 적성이나 능력보다는 국가에 대한 충성심과 각 근로단체가 보증하는 평가서와 함께 출신성분이 기준으로 된다. 북한주민들은 고등학교를 졸업하고 만16세 이상이 되면 2년제 및 4년제 대학진학 또는 직장 배치 둘 중 하나를 선택한다. 그러나 당에서 지정하지 않으면 상급학교에 진학이 불가능하기 때문에 대부분 직장에 배치된다. 자신의 의사와 무관한 직업배치를 받는다는 단점은 있지만 취업이 안 된다는 걱정은 없으며, 직업선택을 한다는 말보다 직장배치를 받는다는 말을 사용하는데 이것도 직업선택의 주체가 개인이 아니고 타인이라는 것을 의미한다. 이런 경험으로 이미 북한체제에 익숙한 북한이탈주민들이 남한에서 직업을 스스로 선택하는 문제는 매우 어려운 문제이다(신광교, 2017).

(2) 북한의 정치조직 체계와 직장생활 목적

북한주민들에게 정치조직생활은 모든 당원들과 근로자들이 자기 조직의 지도와 통제 밑에서 사업하고 생활해야 하며 조직에서 주는 임무를 수행하는 활동으로 규정하고 있다. 즉 자기가 소속된 조직 내에서 정치학습, 생활총화, 정치행사를 통하여 당이 안겨준 고귀한 정치적 생명을 가슴깊이 간직하고 구현해나가는 집단적인 조직생활이다.

북한에서 근로단체 조직의 의미는 혁명의 수뇌부인 조선노동당을 광범위한 인민대중과 하나로 연결시키는 정치조직이며, 북한주민 1,500만 명이상이 가입되어 있다. 근로단체 조직에는 조선노동당의 믿음직한 후비대로 자랑하는 청년전위 조직인 '김일성·김정일주의청년동맹'과 조선노동당의 충실한 방조자, 옹호자인 노동계급의 혁명적 전위조직인 '조선직업근로자동맹', 혁명의 한쪽 수레바퀴를 억세게 떠받들고 있는 강력한 여성조직인 '조선사회주의여성동맹', 쌀로서 사회주의 보루를 튼튼하게 지켜내고 있는 농민조직인 '조선농업근로자동맹'이 있다.

북한이 국제적인 고립과 제재, 장기간의 경제난 속에서도 붕괴되지 않고 정권이 무난히 승계되고 있는 것은 당과 인민대중을 연결시키는 근로단체 정치조직들이 전국 하부말단까지 존재하고 있기 때문이다. 근로단체 조직의 사명은 "영광스러운 조선노동당의 정력적인 령도와 크나큰 믿음 속에 창립되고 끊임없이 강화 발전되어 온 조선로동당의 충실한 대중적 정치조직이며, 당의 의도대로 사고하고 행동하는 주체혁명위업수행의 위력한 전투부대"라고 규정하고 있으며, "하나는 전체를 위하여, 전체는 하나를 위하여"라는 집단주의 교육교양을 강화하고 있다.

북한에서의 직장생활은 집단주의 원칙을 기반으로 한 전체주의 철학과 사상에 근거한 정치조직생활이다. 공장과 기업소는 당위원회의 직접적인 지도 아래 운영되고, 근로자들은 당, 행정, 근로단체의 체계적인 관리 속에서 지도와 통제를 받는다. 집단주의는 개인의 이익보다 사회와 집단의 이익을 더 중시하는 사상적 관점으로 북한이 사회관계에서 가장 중시하는 가치이며, 이러한 북한의 집단주의의 응집력의 효과가 사회주의 체제의 위기 시에 북한체제를 지탱하는 힘으로 작용했다(김병로, 2016). 북한에서 노동자들의 권리는 집단주의 원칙에 의한 공동의 이익을 위한 것이고 직장 내 정치조직인 근로단체 조직들은 단체조직권이나 단체교섭권 및 파업권을 갖지 못하고 조선노동당만이 노동자들의 이익을 대변한다고 볼 수 있다. 즉 북한주민들에게 직장생활의 목적은 개인의 권리가 아니라 의무이며, 직장은 생계유지를 위한 수입창출이 아니라 소속이라는 간판과 직장을 통해 고귀한 정치적 생명을 유지한다는 것이다.

(3) 북한이탈주민의 특성 및 직업적응의 한계

오천년을 단일민족으로 살아온 남북한은 70년 분단으로 완전히 단절되어 극단적인 대치상태로 이질화 되었다. 북한에서 고질화된 여러 가지 사회·심리적 특징들은 북한이탈주민들의 남한사회 정착에 커다란 걸림돌이 되고 있다.

우선 북한이탈주민들은 사회주의 체제와 정치조직 속에서 국가의 결정지시를 따르면서 살아왔기 때문에 스스로 해결책을 찾기보다 의존도가 높고 국가가 해결해주길 바라는 경우가 있다. 둘째, 북한이탈주민들은 유교적이며 권위주의적 태도와 직선적이고 경직된 사고방식으로 대인관계에서 의사소통이 어려우며 순수성과 가치지향성을 강조하다가 철저하게 개인주의적인 자본주의 사회에서 혼란과 내적 불만을 가지는 경우가 있다. 셋째, 북한이탈주민들은 북에 두고 온 가족에 대한 죄책감과 혼자라는 외로움, 차별과 편견으로 느끼는 자아정체성의 혼란, 험난한 탈북과정에 생존을 위해 선택할 수밖에 없었던 타국생활과 배우자와 자식문제 등으로 자신의 과거를 숨기고 싶어 하는 경우가 있다. 넷째, 일부 북한이탈주민들은 돈 관리능력이 부족하여 여러 가지 유혹에 쉽게 넘어가 사기를 당하는 경우가 많다. 이것은 공식적인 정보보다 주변의 가까운 동료들의 네트워크 안에서 도는 소문을 주로 신뢰하기 때문이다.

　북한이탈주민들의 공통적 특징은 집단주의적인 북한체제에서 자아비판과 호상비판을 통해 서로가 감시관리 받던 습관이 남아 있기 때문에 양가감정이 남아있다. 따라서 심리적인 감정, 생각, 인식, 충동과정에 무조건 거부감과 저항의식, 반항심으로 대항하고 있으며 위기모면식의 억지주장이나 변명을 하려고 한다. 사람이 직업을 잃거나 순응, 원칙, 질서 등의 집단적 규범을 잃고 자아의식이 상실되었을 때 정체성과 가치관의 상실로부터 오는 정신적 공황, 사회로부터 소외감·열등감을 느끼며 이것은 정신·감정적 질병으로 이어질 수 있다(최승호, 2010). 북한이탈주민들은 집단주의에서 학습된 의식구조의 이중성과 고정관념 때문에 통제사회에서 오랫동안 불평불만이 몸에 배었고 타인에 대한 경계심과 권위주의의 관습에 익숙하게 되어있다. 불의를 참지 못하고 공격적이고 비판적이며 신경질적인 성격이 나타날 때면 남한주민들 뿐 아니라 같은 고향동료들도 서로가 교제하기를 꺼려한다(윤승비, 2015: 10-11).

　북한이탈주민이 처음 입국해서는 남한사회에 적응하고 싶은 욕구가 높고 대한민국 국민이 된 것을 자랑스러워한다. 그러나 정착 이후 시간이 흘러가면서 점점 자신들의 정체성에 혼란을 느끼는 북한이탈주민들도 있다. 북한이탈주민들은 세금 없는 나라에서 무료교육, 무상치료 혜택으로 성장하였기 때문에 남한의 이질적인 직장문화를 받아들이는 과정에서 '이방인 또는 소수자'라서 차별을 받으면서 정신적인 불편함과 스트레스를 호소하고 있으며 자신들이 북한 사람인지 남한 사람인지 혼란스러워 한다. 일부 남한주민들은 북한이탈주민과 북한정부를 구별하지 못하고 북한이탈주민을 공산주의자로 취급하면서 북한이탈주민에게 북한에 대한 비난을 퍼붓기도 한다. 또한 남북한의 무소속이라는 소외감으로 심한 외로움을 느끼기도 하고, 남한주민들이 자신들을 같은 국민이나 동포로 여기지 않고 다문화로 구분하거나 외국인 취급하는 것에 분노를 느끼기도 한다.

북한이탈주민은 남한의 노동시장에 진입 시 북한에서 축적된 진로자본의 부족과 제한, 사회적 편견과 의사소통의 어려움, 직업정보 부재 등의 어려움을 실감하고 있다. 북한이탈주민이 직업문화 충돌에 대처하려면 북한문화를 유지하면서도 남한문화도 수용하는 자율성과 남한사회에서 문화를 받아들이지만 북한에서 익힌 문화를 버리지 못해 갈등하는 배타성, 또한 남한문화를 학습하고 받아들이는 문화학습과 통합과정을 거치는 단계인 교육의 필요성을 찾아볼 수 있다.

북한이탈주민은 어쩔 수 없이 선택한 탈북으로 인하여 생존보장을 위해 겪었던 악몽들이 직업적응 과정에 대인기피증을 비롯한 수많은 스트레스를 경험하게 된다. 특히 탈북과정에 쫓기거나 잡혔던 악몽들은 빠른 시일 내에 심리적 상처가 치유되어야 직장 적응의 어려움을 극복할 수 있다(편송월, 2008). 또한 여러 차례의 이직을 반복하는 과정에 직업정보의 부재나 지역적 한계를 느끼기도 하였지만 제일 중요한 것은 학력, 경력, 자격이라는 것을 깨닫게 된다. 그들은 진로자본의 지속적 확장에 발맞추어 스스로 사이버대학을 비롯한 온라인 대학에 입학하여 부족한 인적자본과 진로자본을 획득하기 위한 교육을 선택하고 직업학교나 온라인을 통해 국가자격증을 취득하기도 한다(김현아, 2013).

2) 북한이탈주민의 노동시장과 진로 관련 이론

북한이탈주민이 남한 사회에 진입하고 경제적 활동을 수행하는 것을 설명하기 위한 이론은 크게 노동시장에 관한 이론, 진로에 관한 이론으로 나누어진다. 이렇게 다양한 관점에서 나누는 이유는 북한이탈주민의 개인적 그리고 사회·경제적 배경과 특수성에서 찾아볼 수 있다. 북한이탈주민은 남한 노동시장의 정규직에 취업하기가 힘들거나, 취업이 이루어진다 하더라도 조기에 퇴직하거나 이직과 퇴직을 반복하는 경향이 나타나고 있는데 이에 대한 이론적 설명이 필요하다.

(1) 노동시장이론의 적용

노동시장이론에서는 인적자본이론과 노동시장분절이론을 연구 분석에 이용하였다. 노동시장이론이란 북한이탈주민이 남한 자본주의 노동시장에 진입하는 상황적 특징을 이론적으로 설명하는 것으로써 인적자본의 측면에서 북한이탈주민이 노동시장에 진입하는 점을 중점으로 설명하는 것과 산업부문 간의 단절 혹은 차이에서 오는 시장의 계층성을 중요한 특징으로 구분할 수 있다.

인적자본이론을 북한이탈주민에게 적용하려는 것은 탈북전 북한에서의 직업배경과 기술경험을 남한 사회에서 사용할 수 있다는 것을 전제로 하고 있다. 그러나 인적자본이론을 북한이탈주민 직업교육부문에 적응하는 데는 역시 한계가 있다. 북한에서의 인적자본은 남한사회에서 요구하는 인적자본과 상당히 다른 특수한 질을 갖기 때문이다. 이러한 점을 감안한다면 교육과 훈련을 기본으로 하여 인적자원을 개발함과 동시에 인적자본의 장벽을 낮추는 제도적 방안을 마련해야 한다. 비록 인적자본이론의 인적자본 투자란 의미에서 직업훈련을 강조하고 정착지원 서비스의 일부로 주어지지만, 이주민의 국가인 미국 등에서 민족, 거주지역, 개인별로 차별화가 나타나기도 한다. 그런데 남한의 경우 문화 및 언어적 차별로 인해 직업교육이 소정의 성과를 거두기는 힘들 수가 있다.

인적자본이론은 개인이 노동시장에서 갖는 기회 구조와 보상은 개인의 학력, 직업기술, 경력, 일에 대한 동기 등에 의해 결정된다고 본다. 연구자는 다른 이론들보다 개인 간 차이를 설명하는데 탁월하다고 판단하여 이에 기초하여 북한이탈주민의 경제적 적응의 현상을 분석하고자 하였다. 인적자본이론에서 주장하는 이주민의 인적자본과 거주기간 간의 상호작용이 경제적 적응에 미치는 효과를 감안하면 기존의 북한이탈주민의 경제적 적응에 관한 연구결과에 대한 새로운 해석이 가능하다. 지금까지 보고된 북한이탈주민에 대한 연구들을 보면 북한이탈주민의 학력 수준, 기술 훈련 등의 인적자본 요소가 취업에 미치는 영향은 크지 않은 것으로 나타나며, 그 이유로 대개 북한 사회에서 획득한 학력이나 기술력이 한국에서 활용하기 힘든 점이 제시되었다.

노동시장분절이론은 개인의 노동시장 참여와 관련된 외적이고 구조적인 문제점에 초점을 두고 있다. 북한이탈주민들은 서비스직이나 판매직, 생산직에서 근무하는 비중이 큰 반면에 관리직이나 전문직 비중은 매우 낮은 것으로 나타나고 있다. 특히 사회와 직장에서 북한이탈주민에 대한 편견과 차별이 큰 장애물로 작용하며 노동시장분절이론은 북한이탈주민이 남한의 노동시장에서 겪고 있는 불리한 현상을 그대로 잘 설명해주고 있다. 분절노동시장 가설의 이론적 견지에서 빈곤층 노동시장이 교육에 투자할수록 소득은 감소하고 교육이 필요 없는 직무로 가득 차 있는 특성을 가진다는 점을 고려할 때 노동공급자에 대한 교육의 효과가 나타나지 않고 있음을 유추해 볼 수 있다(김화순, 2009: 60). 인적자본으로 노동시장분절을 극복할 수 있다는 주장은 교육훈련을 통해 자신이 원하는 직업을 선택하는 북한이탈주민을 볼 때 인적자본이 설득력이 있고, 노동시장의 상이한 임금체계를 볼때는 노동시장분절이 설득력이 있다고 보아진다(김홍철, 2018).

노동시장분절이론은 주류경제학에서 주장하듯 노동시장이 하나의 동질적인 성격을 가진 시장으로 존재하는 것이 아니라 자본집약적인 일차 부문과 노동집약적인 이차 부문으로 구성되어 있고, 그 두 부문 간에는 이동이 차단되어 있다고 본다(석현호, 2000). 즉 고용이 안정 되고 임금수준이 높은 전문 직종의 노동시장과 고용이 불안정하고 임 금수준이 낮은 비전문 직종의 노동시장으로 나눠지고, 소수 이주민들 은 자신들이 가지고 있는 인적자본에 상관없이 전문 직종의 노동시장 으로부터 배제된다고 보는 것이다. 그리하여 이들은 대개 비정규직, 단순노동직, 비숙련기능직 등과 같이 직업 위계상 낮은 일자리에 종사 한다(Rumbaut, 1989: Kibria, 1994). 이 이론은 집단적인 차원에서 북한이탈주민들이 남한주민들과 비교해서 불안정하고 주변적인 노동 시장에 집중되어 있는 현실을 설명할 수는 있어도 북한이탈주민 집단 내에서 존재하는 개인 간 차이를 설명하는데 한계가 있다. 즉 어떤 북 한이탈주민은 남한주민 못지않게 안정된 직장을 갖고 자기개발을 하 고 있지만, 일부 북한이탈주민은 실업, 빈곤, 의존의 상태에서 벗어나 지 못하고 있다.

(2) 진로 관련 이론의 적용

진로 관련 이론에서 직업적응이론과 진로구성주의이론을 연구 분석에 이용하였다. 직업적응이론에서는 만족과 충족의 두 가지 개념을 살펴볼 수 있다(Swanson, 1996). 만족은 개인의 내적 지표로 직업 환경이 개인의 욕구를 얼마나 채워 주고 있는지를 파악하는 요소이며, 충족은 외적 지표로 직업에서 요구하는 과제를 개인이 수행할 수 있는지를 살펴보는 개인의 능력과 관계된 요소로 볼 수 있다. 인간은 측정 가능한 독특한 특성을 지닌 주체로서 직업의 특성과 개인의 특성이 연결되며 이 연결이 밀접할수록 직업성공으로의 가능성이 크다(박은숙, 2013: 9). 직업 만족과 관련된 요인은 성취, 보상, 동료, 안정성, 능력의 활용 등이며, 직업 충족은 개인적응, 일반적 충족, 수행능력, 직장 적합성 등 측면을 통해 측정할 수 있다. 직업적응이론은 1950년대 후반 미네소타 대학의 로프퀴스트와 도리스가 진로발달에서의 직업만족과 적응에 중요한 의미를 파악하고 개인이 환경과 조화를 이루고 유지하려는 기본적인 동기를 밝히고 있다. 적응의 개념은 개인의 관점에서만 이해되는 것이 아닌, 외부의 회사, 조직, 소속기관 등의 관점도 함께 고려해야 하며, 개인과 환경 모두가 만족할 때 나타난다(Dawis & L. H. Lofquist, 1984).

직업적응이론은 북한이탈주민들이 남한사회의 구성원으로서 안정된 경제적응을 하려면 직업에 필요한 기술을 습득하고 익혀나가야 하는데 남한 사람들보다 많은 시간이 필요하며, 이를 실현하기 위해서 직업교육과 훈련이 중요하다는 것을 시사하고 있다. 북한이탈주민들은 열심히 일하지만 남한 사람들과 임금, 진급 및 승진의 기회에서 불평등한 대우를 경험하고 있으며, 아무리 노력해도 직업생활의 만족감과 성취감을 얻기 어려운 구조적 장벽과 현실적 한계가 있다. 이것은 직업 만족과 관련된 요인인 성취, 보상, 인정 등이 충분히 충족되지 못한 것으로 상호만족인 상태의 결여로 인해 생산성이 낮아지며 직업을 지속하는데 방해요소가 된다. 이처럼 북한이탈주민들은 직장인으로 경험하는 일반적 문제와 더불어 북한이탈주민이기에 겪어야만 하는 일들로 인해 직업생활과 직업적응 과정에서 이중고를 경험하고 있으며 직업생활의 안정감을 갖기 쉽지 않은 상황임을 알 수 있다(오은경, 2018: 27-30).

진로구성주의이론은 개인의 입장에서 개인이 처한 경험과 상황에 관심을 두고 자신의 경험에 의미를 부여하며 새로운 삶의 의미를 만들어 가고자 하는 관점이다. 진로구성이론에서 북한이탈주민 개인의 정체성은 사람들이 자신의 사회적 역할에 대해 어떻게 생각하는 지를 포함하며 심리적 상호관계의 경험과 문화적 표현을 연관시키고 적응하면서 심리사회적 정체성을 형성·발전시킨다고 주장한다. 이 이론에 따르면 자신과 사회적 역할을 수행함에 있어 이웃, 학교, 사회, 직장 등과 같은 공동체와의 관계 속에서 상호 연결하고 집단 내에서 목적과 가치를 추구해 나간다고 보고 있다. 이러한 개인으로써 공동의 가치추구 행위는 정체성 형성을 통해 새로운 의미로 재창조되며, 적절한 대응과 적응을 통해 더욱 발전하는 단계로 통합되고 안정화된다고 보고 있다. 또한 개인이 자신의 정체성을 발전시켜 나가기 위해서는 직업적 발달 과제, 중요한 직업적인 이직 및 승진 외에 개인의 직장생활에서 겪는 일, 트라우마를 다루는 것을 주요한 사안으로 보고 있다(노경란·전연숙, 2009: 송현심·홍혜영, 2010).

북한이탈주민의 경우 도전이나 역경을 꿋꿋이 이겨내는 강인성과 다른 사람들과 새롭게 사귀어 가는 친밀함, 어렵고 힘들 때 고민을 털어놓고 서로 의지할 수 있는 같은 고향 사람들의 지지 체계는 적응 유연성을 증진시키는 것으로 나타났다. 인간은 사회적 존재이며, 사회적 지지는 인간의 기본적인 욕구로 다른 사람과 끊임없이 상호작용하며 심리적 적응을 돕고 문제해결능력을 향상시킨다. 사회 연결망이 다양하고 친밀할수록, 가족 간의 긴밀한 유대관계가 지속될수록, 경제적·사회적·심리적 적응이 순조롭게 이루어지며, 한국의 조직생활을 통해 적응력이 향상되는 것으로 나타났다. 또한 북한이탈주민의 직장 생활을 통한 인간관계의 확장과 긍정적 관계형성은 이들의 이중의식의 적응적 변화에 중요한 영향을 미치는 것으로 나타났다(유시은 외 3인, 2012). 이는 북한이탈주민들이 남한에서 직업인으로서 직업에 적응되어가는 것은 자신의 경험과 내적 측면들을 생생하게 전달하여 때론 적극적으로 변화하고 상호작용하며 삶을 구성하는 과정으로 볼 수 있다. 북한이탈주민의 경우 폐쇄된 북한체제에서의 오랜 생활과 탈북 과정에서 겪은 환경적 요인들은 많은 심리적 어려움을 만들었고, 대부분 북한이탈주민들의 직업경험은 탈북과정에서 제대로 된 직업을 가지지 못하거나 직업이라기보다 생존을 위한 생계활동으로 인식되어 왔다(권오상·이진남, 2017: Holmes & Rehe, 1967).

3) 정부의 북한이탈주민 지원정책 평가

정부는 1997년 「북한이탈주민법」을 제정하여 북한이탈주민들이 자활·자립의 의지를 갖고 안정적으로 정착하도록 돕기 위한 다양한 정착지원 제도를 시행하고 있다. 북한이탈주민에 대한 정착지원제도의 주요내용을 살펴보면 사회적응교육, 정착금지원, 주거지원, 취업지원(직업훈련·자격취득·취업장려금, 고용지원금, 자산형성지원), 사회복지지원, 교육지원(학비지원·특례편입학, 학력인정), 상담지원, 보호담당관(거주지보호, 신변보호, 취업보호) 지원제도가 있다.

정부의 북한이탈주민 정착지원정책은 이렇게 구체적으로 잘 되어 있고 정착지원 상황은 계속적으로 개선되고 있으나, 실지 현장에서 북한이탈주민들이 받아들이는 만족도는 크지 않다. 2014년 11월 입국자들부터는 미래행복통장 제도가 개설되면서 직업훈련·자격취득·고용지원금제도가 상실되었으며, 현재 취업지원으로 실행중인 취업장려금이나 미래행복통장 지원제도는 고용보험에 가입된 직장에서 6개월 이상 취업해야만 혜택을 받을 수가 있다.

다시 말하여 산업현장에서는 학력·자격·경력을 위주로 면접을 통해 취업이 이루어지지만, 혈연·지연·학연의 인맥이 전혀 없는 북한이탈주민들이 거주지 보호 5년 안에 정부가 지원하는 혜택을 받는다는 것은 어려운 문제이다. 실지 북한이탈주민들은 열심히 돈을 모아야 할 형편이어서 일할 수밖에 없지만, 준비가 안 된 이들에게 냉정한 산업현장은 3D 업종이나 노가다, 일용직만 따르고 일반국민과의 격차는 여전히 간격을 좁히지 못하고 있다. 정착금은 탈북당시의 브로커 비용으로 지출되기 때문에 정착을 지원하려는 원래 목적대로 활용되지 못하고 있다. 북한이탈주민들이 정착금이 제 기능을 못하고 생활비도 부족하여 장기적인 정착계획을 세우기보다 당장의 일자리를 먼저 찾는 경향이 나타나고, 북한이탈주민은 단계적 교육훈련과 취업준비를 통한 안정적인 일자리를 찾기 보다는 일시적인 일자리를 전전하게 되는 문제를 초래하고 있다(오은진 외 3인, 2012).

미래행복통장에 대한 참여자들의 평가는 대체로 긍정적이다. 그런데 정부지원금을 수령하려면 직업훈련에 참여하지 못하고 바로 취업을 해야 할 가능성이 제기되는데, 그렇게 되면 북한이탈주민들은 이력서나 자기소개서를 중시하는 남한노동시장에서 밀릴 수밖에 없다. 일부 참여자들은 일자리 찾기가 어려워 일용직만 전전하다나니 4대 보험 가입이 어려워 미래행복통장 가입이 힘들다고 하였다. 자격증만 있었다면 경력도 쌓이고 고용불안도 감소할 수 있다고 하면서 온라인 기술교육이라도 있다면 시간을 내서 교육받기를 원했다(최수찬 외 3인, 2019).

3. 북한이탈주민 직업적응 실태조사 필요성

1) 북한이탈주민 교육지원실태

하나원은 북한이탈주민이 한국 입국 시 초기 사회적응을 진행하는 곳이며 통일부 소속으로 유일한 북한이탈주민 교육기관이다. 하나원에서 실시되는 사회적응교육은 북한이탈주민들이 한국사회에서 입국하여 처음 접하게 되는 교육(12주 406시간)이며, 교육의 목표는 북한이탈주민들이 탈북과정에서 겪었던 여러 가지 어려움과 트라우마를 치료하기 위한 정서 안정과 문화적 이질감의 해소, 사회·경제적 자립을 위한 동기 부여 등으로 이루어진다.

하나원에서 실시하는 3개월간의 짧은 사회적응교육 프로그램의 운영과 기초생계 보장이라는 한정된 물질적 지원만으로는 북한이탈주민이 남한 사회의 냉혹한 무한경쟁에서 적응할 지식과 역량을 갖추기 어렵다. 참여자들은 하나원의 교육과정은 남한사회 적응에 반드시 필요한 교육이지만, 단기간의 교육체험으로 나의 적성에 맞는지 확인이 어려우며 남한지역 현실을 인식하지 못한 채로 거주지역에 배출된다는 것을 문제점이라고 하였다. 또한 창발성과 능동성을 계발하는 도전과 실전훈련이 부족하고 직업에 대한 다양한 정보를 얻을 수 있는 교육기술훈련이나 현장체험 교육은 다양한 직업프로그램을 통하여 한눈에

볼 수 있었으면 좋겠다고 하였다.

2019년 현재 전국의 16개 지역에 25개의 지역적응센터(하나센터)가 운영되고 있다. 북한이탈주민들은 하나원 수료 후 거주지 전입한 직후 8일(50시간)간에 걸쳐 초기 집중교육을 받게 된다. 교육은 진로 및 취업교육, 실생활 및 지역사회 이해, 심리·정서 안정 프로그램 등으로 구성되었다. 하나센터의 초기 집중교육은 현장체험 중심이며, 지역 적응지원 사업을 통해 거주지 보호기간 동안 교육 및 진학, 진로 및 취업, 생계, 의료, 심리·정서, 주민통합 등 다양한 분야에서 북한이탈주민에게 필요한 프로그램이 운영된다. 지역별 하나센터에서는 고용센터 및 남북하나재단의 취업지원센터와 연계하여 일자리를 발굴하고 취업을 지원하는 기능을 수행하면서 북한이탈주민의 지역적응과 자립자활을 전반적으로 다루고 있다.

북한이탈주민 전문상담사들은 2018년 말 기준으로 91명(심리 58명, 취업 33명)이 활동하고 있으며, 이들은 취업, 건강, 심리, 법률 등 정착생활 전 분야에 걸쳐 상담 및 각종 지원연계를 수행한다. 또한 보호담당관(거주지·신변·취업), 정착도우미들이 있고 지역사회의 의료·교육·사회복지 기관 등이 서로 협력하여 지원한다. 전국 하나센터의 1,425명의 정착도우미들은 하나원 수료 후 전입하는 북한이탈주민을 대상으로 근거리 생활지원 서비스를 제공하는 자원봉사자로서 지역전입, 개인물품 인수, 임대주택입주 등을 돕고 있으며, 월 2회 정기적인 가정방문을 통해 불편과 애로를 풀어주고 있다. 그러나 하나센터의 교육프로그램은 초기 집중교육에 한해 운영되고 있으며, 취업현장에 나갔다가 다시 돌아오는 경우에는 상담을 통한 사후 지원만이 가능하다는 점에서 한계가 있다.

하나원 교육이 각종 정착지원제도와 활용방법, 취업과 주거알선 등

초기정착지원에 중점을 두고 있다면, 하나센터 교육은 실제 지역사회 생활에 유용하게 활용될 수 있는 취업과 사회적응에 관한 기초능력개발훈련을 받을 수 있도록 해야 한다. 참여자들은 하나센터에서 실제 지역사회 적응을 위한 현장교육을 하는 것에 대하여 대부분이 만족감을 표시하였고, 직업선택이나 교육훈련기관 탐색, 취업준비에 필요한 교육 등 실질적 도움을 주는 과목들이 많아서 이러한 과목들이 선택이 아닌 필수과정으로 해야 한다는 의견과 함께 하나센터 교육이 너무 짧다는 의견도 제기되고 있다. 그러나 하나원과 하나센터의 교육이 중복된다는 의견도 있지만 한번에 이해가 힘들기 때문에 반복되는 것이 북한이탈주민의 남한 적응력을 높이는 데는 더 효과적이라고 하였다.

많은 참여자들은 직업훈련을 통해 소유한 자격증으로 공공기관에 취직하여 임원으로 승진이 되었다고 감사했지만, 일부 참여자들은 직업훈련을 통해 취득한 자격증이 정부지원금을 받는 것으로 만족했다면서 시간 낭비에 지나지 않는다고 하였다. 그러나 연구에 참여한 대부분의 참여자들은 남한 정착과정에 인적자본의 부족을 느끼고 스스로 진로개척을 위한 새로운 진로를 찾아다녔으며 낮에는 일하고 밤에는 주경야독을 하면서 업무에 필요한 국가자격증을 취득하여 당당한 공공기관의 구성원으로 준비되어 있었다.

2) 체계적 교육의 필요성

북한이탈주민들은 남한사회 적응과정에 교육만이 정착의 지름길이라는 것을 실감하고 통일부에서 북한 학력을 인정해주어도 남한에서 더 많은 것을 배우기 위해 편입이 아니라 진학을 선택하기도 한다. 대학과정에 남한사회적응에 필요한 정치체제교육이나 전문기술교육, 사회적응교육을 위한 교육을 선택하였고 직업에 필요한 전문지식이나 대인관계의 요령을 터득하게 되었다. 일부 참여자들은 대학이나 대학원 학력을 배경으로 대기업이나 공기업의 사무직이나 전문직에 종사할 수 있는 기회를 가지게 되었다. 이를 토대로 하여 북한이탈주민들에게 체계적 교육의 필요성을 제시하자고 한다.

북한이탈주민들은 남한노동시장에 진입하는 과정에서 인적자본의 부족으로 고용의 불안정을 경험하면서 임금이 높은 정규직, 전문직이 아니라 임금이 낮은 비정규직, 단순노무직을 경험하게 된다. 이를 극복하기 위해서는 북한이탈주민들의 학력수준과 능력, 북한에서의 직업을 고려하여 재사회화를 위한 인생설계가 필요하다. 그 이유는 북한이탈주민의 사회적 배경에서 찾을 수 있는데, 당에서 지정해주는 직업을 따라야만 하는 제도의 문제, 남북한 간 경제수준의 차이로 인해 발생되는 직업의 종류와 직업능력 수준, 직업과 관련된 정보를 탐색하고 정확한 진단에 따르는 충분한 교육이 안받침 되어야 한다.

북한이탈주민들은 자본주의 경제시장에 주도적으로 적응하기 위하여 직업적응을 위한 '맞춤형 진로'를 선택하고 개발해야 한다. 진로발달은 전 생애 발달로 시간의 흐름에 따라 탐색과정을 거쳐 다양한 정보를 얻으며 자신의 경험을 통해 흥미와 능력을 이끌어내는 과정이다. 하지만 북한이탈주민들은 남한에 입국 후 자신의 직업을 새롭게 선택해야 하는 상황에 놓이게 되며, 선택에 대한 심리적 부담과 함께 직업인으로서의 적응을 요구받음으로써 이중고를 겪게 된다. 북한이탈주민의 남한사회 정착과 진로 선택에서 가장 중요한 문제는 자신감을 갖는 것이다.

3) 표본설정의 차별적 특징

북한이탈주민들은 남한에 입국하여 잘 살아보려고 열심히 노력하고 있지만 대부분이 직장적응에 실패하고 있다. 이런 문제제기를 가지고 정부지원정책과 북한이탈주민 당사자들의 취업경험, 고용주들의 평가를 통한 서베이를 진행하였다. 연구에 참여한 고용주는 한번이라도 북한이탈주민들을 고용한 경험이 있는 110명이며 이중 남한고용주 65명, 북한이탈주민고용주 45명이다. 취업자대상 연구 참여자들은 6개월 이상 취업경험이 있는 북한이탈주민 350명이 참가하였고 90%이상이 연구자와 인맥이 있었던 고향동료들이거나 사업가들이다.

이 연구가 다른 선행연구들과 차별화가 되는 두 가지 이유가 있다.

첫째, 연구자가 남한정착 11년이 된 북한이탈주민이며 고용주이다. 정부지원혜택은 거주지 보호 5년 안에 받게 되어 있는데 수혜자로서 고용주로서 정부가 지원하는 모든 혜택을 100% 수령한 최초의 유일한 경험자이다. 또한 북한이탈주민들이 남한으로의 입국과 직업훈련이 제일 활성화 되던 시기(2011~2014년)에 국제직업전문학교에서 4년간 행정팀장으로 근무한 실전경험이 있다. 연구자는 재직당시 100명 이상의 북한이탈주민들을 상급대학에 편·입학시켰고 취업알선을 도왔다. 지금은 7년째 건설사업을 하면서 북한이탈주민 청장년 17명을 고용한 경험도 있고, 현장경력자들과의 일대일 매칭으로 국가기술을 가르쳤으며, 20대의 북한이탈주민 4명이 회사 내에서 일하면서 국가기술 자격증을 취득하였기에 이들의 연봉은 7천만 이상이다.

둘째, 취업자로 연구 참가자 중 30% 정도가 정부·지자체·공공기관·단체들에서 근무하고 있는 북한이탈주민들이다. 이들은 현재 대학교수, 교사, 기자, 의사, 단체장, 북한이탈주민 상담사, 자영업자들이며, 대부분은 북한에서부터 학력과 직업이 좋았고, 현재 남한에서도 대학·대학원생으로 재학 중이거나 석·박사 학위를 취득한 북한이탈주민들이다. 통일부자료에 의하면 2018년 말 기준으로 남한에 입국한 북한이탈주민들 중 2년제 이상 대학졸업생이 16.8%로 조사되었다. 연구에 참여한 350명중 북한에서 2년제 이상 졸업생이 94명(30%)이며 현재 2년제 이상 대학을 다니거나 학위를 받은 참여자는 164명(52.5%)이다. 여기서 중요한 것은 해마다 진행되는 남북하나재단의 실태조사에 못지않게 응답자들 중 수도권이 252명(80%), 여성참여자가 220명(69.6%)라는 것에 주목할 만하다.

고용주 참여를 통해 북한이탈주민들의 취업현장을 그대로 담고 싶었는데 북한이탈주민 고용주들의 95%가 모두 서비스업(식당, 세차장, 세탁소, 수선방, 다방, 네일아트, 커피숍, 등) 자영업자이고 과거 고용경험으로 볼 때 4대 보험 가입이 어려웠다는 점을 알 수 있었다. 따라서 남북한 고용주들의 경험비교는 어려울 수밖에 없었다. 고용주 참여자 선택은 남북하나재단의 취업지원센터와 NK경제인연합회의 도움을 받았다. 이 연구가 다른 연구들과의 차별성을 특별히 강조한 것은 현재 북한이탈주민들에 대한 남한주민들의 부정적인 시각과 차별, 직장생활이 그렇게 부정적이거나 절망적이 아니라 당당한 사회구성원으로 자리잡고 있음을 밝히고자 하였다.

4. 북한이탈주민에 대한 고용주의 평가와 직장 적응의 실태분석

1) 고용주의 북한이탈주민 직원평가

북한이탈주민들은 직업적응과정에 차별과 편견, 기술부족과 대인관계 등을 가장 주요한 장애요인으로 인식하고 있었다. 북한이탈주민을 직접 고용한 남한고용주들은 북한이탈주민들의 북한식 사고방식과 고정관념 때문에 부정적으로 나타나는 업무능력 부족과 대인관계 등을 직장적응의 장애요인으로 인식하고 있었다.

연구에 참여한 고용주들은 하나같이 북한이탈주민들은 자생력이 강하다고 평가하였고 사장과 직원으로서가 아니라 일단 한민족으로서 믿어주고 내세워주고 지켜주었던 추억을 되새기기도 하였다. 참여자들은 북한이탈주민 직원들은 어깨너머로 남한 동료의 업무 처리 방식들을 관찰하면서 새로운 아이디어를 얻기도 하였고 성실한 노력 끝에 노하우를 전수받고자 하는 모습에 감탄하였다고 한다.

연구에 참여한 남한 고용주들은 북한이탈주민 직원이 있어 통일되면 북한의 풍부한 지하자원과 인력으로 남북통일의 경제발전에 이바지할 구상을 하게 되었다고 하였다. 일부 참여자들은 북한이탈주민들을 처음 접하지만 낯설지 않다고 하면서 이들이 먼저 온 통일로서 남한사회가 기술을 가르치게 되었고, 기술인재로 키워야 남북경제발전에 기여할 수 있다면서 경력자들과의 일대일 교육을 시키고 있었다. 또한, 연구에 참여한 북한이탈주민 고용주들은 후배들을 교육하는 상황에서는 너그러운 선임의 모습을 보여주었고, 자신이 업무를 터득하는 동안 겪었던 힘든 상황들을 되짚어보며 후배들이 주눅 들지 않고 업무를 배울 수 있는 환경을 만들어 주거나, 실수한 부분에 대해서는 따뜻이 감싸줌으로써 조직 내에서 반복되고 있는 악순환을 막고 새로운 조직 문화를 형성해 나가고자 노력하는 모습을 보여주었다.

북한이탈주민들은 숙련된 직업인으로 실력을 쌓기 위해 직업과 학문을 병행하면서 꾸준히 전문성을 키웠으며, 조직의 주요 구성원으로서의 역할을 수행하는 과정에 여전히 잔존해 있는 편견과 갈등에는 적절히 대처하는 모습을 보였다. 따라서 먼저 온 선배 북한이탈주민으로서 다른 북한이탈주민들이 겪을 편견과 갈등을 대신 풀어주고자 하였다(이지영, 2017).

수십 년을 수령 독재체제 속에서 강압통제를 받으며 수동적으로 살아왔던 북한이탈주민들이 직장생활에 적응한다는 것은 말처럼 쉬운 일이 아니기 때문에 고용주들과 직장구성원들의 힘찬 응원과 기다려주는 따뜻한 인내심이 무엇보다 중요하다고 보아진다. 고용주 참여자들은 우선 대인관계 형성에서 즉흥적인 감정분노로 많은 문제를 일으킨다면서 남한직원들은 남의 일에 신경 쓰지 않고 일한 것만큼 보수를 받는데 북한이탈주민 직원들은 자주 주변을 의식하고 문제를 유발시켜 격한 행동과 발언으로 직장 분위기를 흐린다고 하였다. 북한이탈주민에게 일자리를 제공하는 사회적 기업으로 출발하여 한때는 성공한 북한이탈주민 사회적 기업으로 언론에도 소개되었던 기업이 현재 북한이탈주민 직원이 전혀 없고 앞으로도 고용할 계획이 없다는 것은 매우 모순된 상황이다(신광교, 2017).

북한이탈주민 고용주 참여자는 같은 고향이라고 연민의 정으로 챙겨주었지만 북한식 생활방식이 남아있어 고소고발로 이어지고 거짓말과 변명으로 대인관계를 악화시키는 모습을 보면서 시간이 필요함을 느꼈고 인내심으로 기다려준다고 하였다. 이런 현상은 북한에서 태어나 교육을 받은 북한이탈주민들이 북한과 제3국에서 생존을 위해 써 먹었던 나쁜 버릇이 남아있기 때문이며, 남한사회에 적응하는 과정에 조금씩 해소되고 있었다. 현재 북한이탈주민은 같은 모습이면서도 다르고, 가까운듯하면서도 멀게만 느껴지는 것이 북한이탈주민과 남한 국민의 현 주소이다. 북한이탈주민의 사회 부적응이 심각한 사회문제를 야기시키는것은 북한에서 태어나 학습하여 온 태생적 한계와 남북한의 정치, 경제, 문화적 차이가 사회적응의 장애로 작용하고 있기 때문이다. 이러한 장애를 극복하는 것은 북한이탈주민의 스스로의 노력과 남한주민들의 포용력 있는 이해를 동반할 때에만 가능하다(조유환, 2018: 14-15).

남한 고용주 참여자들은 집단주의 평등주의에서 살아왔던 북한이탈주민 직원들이 기술과 경력에 따르는 월급수준을 이해하지 못하여 직장 내 갈등이 있었다면서 기초적응교육 단계에서 자본주의 노동시장에 대한 법정교육의 필요성을 강조하였다(유시은 외 4인, 2005).

고용주 참여자들이 생각하는 북한이탈주민 직원의 단점은 북한이탈주민의 인적자본의 취약성이나 북한이탈주민의 고정관념의 특성으로 조사되었고, 억센 말투나 공격적인 행동을 보고 함께 할 수 없는 대상으로 단정하는 경우도 있다. 또한 인터넷이나 언론매체에서 소개되는 북한 실상으로 북한이탈주민들을 함부로 과소평가하는 남한사람들의 편견과 차별태도 때문에 자신의 정체성을 과감하게 표현하지 못하는 데서도 나타난다고 하였다. 남한 고용주 참여자는 무전으로 일하는 현장에서 팀원들이 말을 알아 들을 수가 없다고 하면서 외래어도 중요하지만 같은 조선말을 다르게 사용하는 것부터 배워야 한다고 하였다. 다른 참여자는 직장 내에서 같은 북한이탈주민 동료들끼리 싸우는 것을 보고 전혀 다른 세계를 보았다고 하면서 많은 사회적응교육의 필요성을 강조하였다.

참여자들은 북한이탈주민 직원을 우선 믿어주고 내세워주는 마인드가 필요하다고 하면서 다양한 현장경험을 쌓게 하고 추후에 잘하는 기술을 선택하여 그 길로 나아갈 수 있도록 도와주었다고 하였고, 북한이탈주민에게 기술을 가리켜 자신감을 갖도록 해야 한다고 강조하였다. 북한이탈주민들이 북한과 중국으로 이어지는 탈북과정에 많은 문화충격을 겪으면서 정신적·육체적 에너지를 장기간 과도하게 소진해버려 정작 남한에 와서는 자신을 추스를 수 있는 에너지가 부족한 상태라고도 하였으며, 탈북과정에서 경험한 트라우마가 자신들을 이성적으로 통제하는데 부정적인 영향을 미치고 있다고 보았다(박채순, 2011: 63-68).

대부분의 고용주 참여자들은 넓은 아량과 도량으로 동료들을 이해시키고 북한이탈주민 직원들에게 신심과 용기를 주는 참여자도 있지만, 의식적으로 거리간격을 두면서 외면하는 고용주들도 있었다. 참여자들은 북한이탈주민들이 준비가 되지 않았는데도 사무직이나 쉬운 일자리를 찾는다고 하면서 장기근속을 기대하고 성심성의껏 일을 가리켜 놓으면 쉽게 퇴사하는 경우가 대다수라고 아쉬움을 표시하였다. 특히 정숙을 요구하는 작업 현장에서 목소리가 높고 공격적인 발언으로 회사 분위기를 흐릴 때가 많아 참 안타까웠다고 솔직하게 이야기하였다. 북한의 계속되는 도발로 알게 모르게 싸늘하게 주목받는 시선들과 저도 모르게 가슴조이는 위축감, 지역사회와 직업적응과정에 부딪치는 수많은 편견은 죽음을 각오하고 사선을 넘은 북한이탈주민들에게 또 다른 장벽으로 남아 아픈 고통을 남기고 있다.

남한 고용주 참여자는 직장생활과정에 동료들과의 친분을 유지하기 위해 다가가는 모습을 보여야 하는데 자주 전화번호를 바꾸고 개인사정으로 조퇴를 하는 경우가 많아 다른 동료 직원들에게 불편을 초래하는 경우도 있어 남한 직원들이 거부감을 느낀다고 솔직한 심정을 터놓았다.

2) 취업자의 직업선택 경로와 직장생활 분석

취업을 위해 도움을 받았던 기관에 대한 질문에는 '동료/지인'이 22%(104명), '직업학교/학원'이 15.4%(73명), '담당형사'가 13.5%(64명), '인터넷/신문'이 11.6%(55명), '고용센터'와 '하나센터'가 각각 8.9%(42명), '기타'가 5.9%(28명), '남북하나재단'과 '민간단체'가 각각 5.1%(24명), '탈북민 단체'가 3.6%(17명) 순으로 조사되었다. 북한인권정보센터 조사에 의하면 북한이탈주민들은 신문·잡지·온라인(36.3%)을 통해 스스로 구직경로를 구하는 경우가 가장 높고, 다음으로 친척·친구·동료(21.8%) 등의 도움을 구하는 것으로 나타났다. 그렇지만 '평소에 잘 적응할 수 있도록 도움을 주는 남한 주민이 있는가?'의 질문에는 '없다'의 응답이 25.9%에 그치고 있어 북한이탈주민들이 마음을 터놓을 사람이 없고 일자리 진입이 어려운 상황임을 알 수 있다(임순희·윤인진·김슬기, 2018).

참여자들은 나이가 어릴수록 사무직을 희망하는 경우가 많지만 말투와 문화차이가 심하여 주민과의 접촉직업은 갖기 어렵다. 언어학원을 통하여 발음을 고정한 사람들도 있지만, 대부분이 험한 일자리라도 정부가 알아서 찾아줄 것을 바라기도 하였다. 참여자들의 취업기준은 안정적 직업보다 돈이 먼저가 되는 경우가 많다. 취업을 하면 생계비가 끊기기 때문에 4대 보험 가입보다 비정규직 취업을 선호하는 경우가 많고 정규직이나 계약직 취업은 손해라고 생각하기도 한다.

나이가 어린 일부 참여자들은 전문성이 필요한 직장을 유지하기 위해서는 원활한 직무능력이 안받침 되어야 한다는 것을 알기 때문에 주경야독으로 자격증에 도전하였고, 사이버대학에 입학하여 자신의 학문영역을 넓혀나가고 있었다. 특히 취업 및 직장생활적응에서 서비스직종은 북한 말씨 때문에 중국인으로 오해를 산 경우도 많았고, 면접을 보아도 채용을 꺼려하기 때문에 어려움이 많았다. 설사 취업이 된 다음에도 북한 출신이라는 것 때문에 취업 현장에서 스트레스로 힘들어 하였다. 근무조건이 좋은 직장은 남한 출신들과 경쟁하는 과정에서 자격요건이 부족하여 취업조차 어려운 경우가 많았다.

　북한이탈주민들이 남한사회에 정착하면서 일용직을 가장 많이 선호하는 것은 학력이나 자격, 경력을 중시하는 남한의 노동시장에 쉽게 다가설 수 없기 때문이며, 당장 돈을 벌자면 3D 업종이나 건설 현장, 식당알바 자리만이 유일한 일자리이기 때문이다. 중국에서 살면서 요리를 잘 배운 북한이탈주민 여성들은 식당을 차리기도 하였고, 중장비학원을 졸업한 북한이탈주민 남성들은 대형운전면허를 취득하고 직접 대형화물이나 중장비를 구입하여 운영하는 자영업자도 있지만, 대체로 준비 없이 창업을 시작하여 실패하는 경우가 허다하다.

　북한이탈주민들의 구직상의 어려움을 보게 되면 먼저 업무 능력 부족, 상사와 동료사이의 대인관계의 어려움, 외래어 및 전문기술용어, 급여·복리후생문제, 승진에서의 불공정, 건강문제, 적성에 맞지 않는 일자리, 미래 불안, 능력부족, 북한이탈주민에 대한 차별대우, 복리후생문제, 대인관계의 어려움, 나이가 많음, 승진의 어려움 때문에 이직을 자주 경험한다. 이처럼 북한이탈주민의 취업부적응은 사회적 관심사로 드러나고 있으며, 이 문제의 원인은 그들이 자각하는 취업 장애요인과 정부의 지원제도에도 문제가 있다(김영지, 2019). 또한 직장생활 과정에 대부분이 업무능력을 소화할 수 있는 기술 부족과 주변의 냉정한 차별과 편견이 가장 많았고 과중한 업무 수행, 동료들과의 문화충돌, 쇠약한 건강문제, 가족에 대한 그리움으로 오는 외로움, 자본주의 시장에서 살아남아야 한다는 강박감 등이 있다.

5. 북한이탈주민의 직업적 안정과 사회적 적응 방안

1) 북한이탈주민의 교육 부족과 욕구

사회주의체제에 익숙한 북한이탈주민은 자본주의체제에서의 적응력 부족, 수동적 자세, 정부지원금의 축소, 비교적 낮은 학력과 직업경험 등으로 남한사회에서 겪는 경제적 불안정성은 매우 심각한 수준이다. 사회·심리적 안정과 함께 경제적 안정을 위해 고용 및 취업에 대한 실효성 있는 지원이 필요하다(Potocky-Tripodi, 2004: 임안나·강길봉, 2014).

북한이탈주민이 직업적응과정에서 겪는 가장 큰 어려움은 북한이탈주민 자신의 인적 자본이 현저하게 떨어져 있다는 것이다. 북한에서 획득한 교육과 직업기술이 한국 노동시장에서 경쟁력을 갖지 못하고 인정받지 못하고 있다. 아울러 주류사회의 자원과 기회 구조에 연결될 수 있는 사회연결망도 부족하다. 따라서 현대 지식기반 경제에서 핵심 사항인 인적 자본과 사회적 자본이 결여된 것이 북한이탈주민이 사회경제적으로 배제되는 주요 원인으로 작용하고 있다(유지웅, 2007).

북한이탈주민이 직업적 안정을 찾자면 먼저 심리적으로 안정되어야 한다. 그것은 많은 북한이탈주민이 탈북과정의 후유증과 심리적 트라우마, 남한사회 안에서 위축된 자존감으로 사회 및 직장 생활에서 동료들과의 문제를 일으키기도 하고 북한이탈주민에게도 치명적인 상처로 남게 되기 때문에 이들의 자존감을 높여주고 타인을 이해할 수 있는 교육과정이 필요하다. 심리적 안정을 돕는다는 것은 남한 사회가 단순히 북한이탈주민의 모든 것을 포용해야 함을 의미하는 것이 아니라 서로가 배우고 고쳐야 할 부분을 발견하며 상생의 관계를 형성해나간다는 것이다(박상옥·최늘샘, 2011).

사회적응교육은 북한이탈주민들이 남한사회에서 꿈과 목표를 이루기 위한데 목표를 두고 진행되어야 하며, 지역사회와 주민들과 함께 어울릴 수 있는 따뜻한 공간을 만들기 위해 의식적으로 노력해야 한다. 인간의 이해를 도모하기 위해 자신을 성찰하고 정착과정에서 겪었던 갈등과 경험들을 스스로 극복하는 방법을 찾아내며 자존감 높은 인격을 갖추기 위해 배려와 감사, 협동과 포용 등의 인본주의적 가치를 구현하는 가치관을 가지도록 노력해야 한다. 사회적응교육은 인간의 본능에 대한 이해에 기반하여 내면의 무의식 패턴을 인지하고 수정하는 훈련, 내면의 잠재 능력을 존중하고 개발하는 훈련, 바람직한 미래의 꿈을 설정하여 자신감을 높이는 훈련 등을 포함하고 있다.

2) 직업능력과 직장적응교육

북한이탈주민들이 자본주의 노동시장에서 지속적이고 역동적인 과정을 유지하고 원하는 목표를 성취하자면 동료들과의 상호조화를 통해 그들에게서 업무능력을 배울 수 있는 유기적인 관계를 유지하는 것이 중요하다. 북한이탈주민이 갖는 보편적 특성과 남한사회에서의 취업에서의 독특성을 감안하여 개발된 취업지원프로그램의 기본목적은 북한이탈주민의 취업의욕과 필요기술 향상, 북한이탈주민이 구직기간 중에 경험하는 정신적·신체적 건강의 악화를 회복 또는 예방, 정보와 이해가 부족한 남한사회에서의 타인들과의 대인관계를 증진시켜 사회생활의 정상화, 북한이탈주민의 취업률을 제고시키는 것이다(전연숙·김봉환, 2005: 117).

연구 참여자는 북한이탈주민들을 회사에서 기술경력자들과 일대일로 교육을 전개하여 국가자격증을 취득하게 만들어주어 자격취득 장려금을 받았다고 인사하는 것을 보고 큰 감동을 받았다고 하였다. 그러면서 남한 고용주들이 직업훈련보다 현장에서 일을 가르치고 동반자로 함께 갈 수 있는 공간을 형성해주는 인식 개선 교육이 반드시 필요하다고 하였다.

북한이탈주민들은 남한사회에 성공적으로 정착하기 위해서는 정부 지원만 바라보며 살아가는 수동적인 존재가 아니라, 보다 더 적극적으로 구직활동에 나서야 하며 다른 사람에게 의존하기보다 자신의 진로 문제는 자신의 투자와 노력으로 스스로 해결해 나가는 강인한 신념과 의지가 있어야 한다. 그래야 하루빨리 공동체의 사회구성원으로서 능동적인 주체로 역할을 할 수 있다(전연숙, 2012).

연구에 참여한 북한이탈주민들은 하나원의 교육과 프로그램에 대하여 다양한 평가를 하고 있었는데 연구 참여자들의 평가를 중심으로 개선방안을 제시한다. 첫째, 직장적응을 위해서 '진로지도 및 직업탐색' 프로그램을 더욱 세분화 시켜 자신에 대한 올바른 이해를 시작으로 인생설계, 직업계획서 작성, 효율적인 여가활용 방법, 직업심리검사 실시 및 해석과 상담을 통해 직업선호도를 검사하고 구체적인 목표를 세울 수 있는 시간을 마련하는 것이 중요하다(이종은, 2003).

둘째, 하나원에서 다양한 직업에 대한 소개와 자기 적성과 연결된 직업을 찾아내기 위한 맞춤형 교육이 이루어져야 한다. 사회적응에 꼭 필요한 컴퓨터교육도 중요하지만 자기 적성에 맞는 분야의 기술이나 기능 분야를 선택하도록 하여 집중교육을 실시하는 것이 제일 중요하다.

셋째, 지금 강원도 화천에 있는 제2하나원에서 대형운전면허를 비롯하여 각종 7개 과정의 국가자격증 취득을 위한 직업교육을 하고 있는데 수요자들이 많지만 거리상 멀어서 교육 참여가 저조하다. 현재 강서구 마곡지구에 '통일문화센터'가 운영 중에 있는데 여기에서 북한이탈주민들에게 적합한 사회적응을 위한 단기 집중기술교육과 평생교육 차원에서의 장기적인 민주시민교육을 전개하여 주말·야간반을 운영한다면 수도권에 집중되어 있는 북한이탈주민들의 호기심을 자극할 수도 있다. 또한 북한이탈주민들이 일하면서도 공부할 수 있는 사이버대학을 많이 선호하는데 사회적응 교육이수를 정규대학의 교양과목으로 전환시켜 그들의 배움에 대한 열정을 발양시켜 나가는 것도 중요하다.

3) 북한이탈주민 특성에 맞는 사회적응교육

북한에서 세뇌된 교육들의 허무한 사상의식과 윤리, 가치관들을 스스로 버리고 새로운 자본주의 사상이 유입되어 민주시민으로 자리 잡도록 과목편성도 검토해볼 필요가 있다. 또한 교육방법에서도 필수과목과 선택과목을 복수로 만들어 교육생들이 자기 적성과 취미를 알도록 해주며, 학점제나 교육이수평가제를 도입하여 필요한 교과목을 선택하게 하는 것도 학습열의를 고취시킬 수 있는 하나의 방법이다. 대한민국에서 학력을 인정받은 동료교사들을 적극 활용하여 눈높이 교육을 유도하고 심리적 안정을 도모하게 된다면, 일자리는 물론 교육생들의 자아실현에 도움이 되는 시너지 효과도 동시에 기대해볼 수 있다.

이번 연구에 참가한 북한이탈주민들은 정부나 지방자치단체 공공기관 등에 재직 중이며 대체로 북한과 남한에서 교육수준이 높은 것으로 나타났다. 취업자 316명 중에 북한에서 2년제 이상 대학졸업생은 30%(94명)이였으며 남한에서의 대학재학중이거나 졸업생은 36.5%(114명), 대학원 이상은 16%(50명)으로 조사되었다. 이것은 남한사회 적응과정에 교육의 필요성을 스스로 직감하고 열심히 학업과 직업을 병행하고 있는 북한이탈주민들이 많다는 것을 보여주고 있다.

북한이탈주민과 한국사회 구성원들이 함께 삶에 대한 공동체적 공감대를 형성해야 하며 서로 간의 존경심과 관용적인 마음가짐을 갖도록 노력해야 한다. 공동체의식과 공감대를 갖기 위해서는 이들의 가장 기본적인 욕구가 충족이 되어야 한다. 자신의 삶을 책임지고 자립할 수 있을 때 서로 간에 신뢰나 믿음, 그리고 희망과 삶에 대한 확신이 가능해 질 수 있다. 이를 위해서는 현재 시행되고 있는 북한이탈주민 지원에 관한 법률이 성과를 낼 수 있도록 정비되고 집행되어야 하며 각종 정착지원정책의 실효성을 증진시킬 방안이 구체적으로 강구되어야 한다. 이와 함께 북한이탈주민의 정서적 안정과 자신감을 되찾게 해줄 수 있는 정책이 뒷받침되어야 한다.

정부와 각 관련 부처, 지방자치단체, 그리고 민간부문이 서로 연계성을 갖고 한마음으로 북한이탈주민들이 한국사회에서 인생을 보람 있고 아름답게 살아갈 수 있도록 최선을 다해야 한다. 또한 북한이탈주민을 미래 통일의 주역으로 내세워주는 국민 정서가 자리 잡게 될 때 이들의 삶은 크게 달라질 것이다.

이와 함께 북한이탈주민들도 보다 적극적으로 한국사회에 정착하고 동화되도록 스스로 노력해야 한다. 한국 사회에 성공적으로 정착하여 살아가기 위해서는 북한이탈주민 자신이 정부의 각종 지원에만 의존하는 수동적인 존재가 아니라 자신의 문제는 강한 의지와 투철한 신념을 가지고 개척하려는 모습을 보여야 한다. 그래야 공동체 구성원으로서 다함께 잘 살아갈 수 있고 통일을 준비하는 능동적 주체로서 역할을 주도할 수 있다.

6. 맺음말

연구를 통해 북한이탈주민들이 이겨내야 하는 직업적응의 한계와 취업과 적응에 필요한 노동시장·진로관련이론으로 정부지원정책을 평가한 결과 개선방향은 다음과 같다.

첫째, 하나원, 하나센터에서 진행되는 사회적응교육은 적성과 능력에 맞는 현장체험 중심의 직업적응 교육으로 이어져야 한다. 현재 하나원에 구성되어 있는 교육프로그램들은 남한사회정착을 위한 여러가지 텍스트 중심의 교육이며 일률적으로 편성되어 전체 교육생을 만족시키기에는 어렵게 설계되어 있다. 하나원에서 강의 중심의 교육시간을 감축하고 실제 취업에 도움이 되는 현장체험과 실습교육이 이루어져야 한다. 또한 하나센터의 교육프로그램은 지역사회에서 일자리 선택위주의 교육이 되어야 하며 생계유지와 관련된 지역정보를 자유롭게 공유할 수 있는 시스템도 필요하다. 이를 위해 북한이탈주민을 위한 직업상담 및 취업연계 전문가가 항상 하나센터에 상주해 있어야 한다.

둘째, 고용노동부나 한국산업인력공단의 책임과 역할을 강화하여 직업훈련기관들에서는 자활·자립을 위한 맞춤형 직업기술교육을 실시하여야 한다. 또한 남한의 직장문화와 윤리, 규범과 제도를 잘 알도록 하는 직장적응교육도 함께 진행되어야 한다. 그래야 이직률을 감소시키고 장기근속을 보장할 수 있는 안정된 직장생활을 할수가 있다.

셋째, 정부와 지방자치단체, 시민단체와 민간단체 등의 협업으로 북한이탈주민들이 실지 취업과 정착에 필요한 사회적응교육, 정치체제교육, 경제관리교육을 실시하여야 한다. 또한 포용적인 사회 환경 조성으로 북한이탈주민에 대한 한국사회와 국민들의 편견과 인식개선을 위한 교육도 필요하다. 다음으로 지방자치단체에서 진행되는 여러 가지 프로그램과 행사에 북한이탈주민들의 참여를 적극적으로 유도해야 하며 다양한 사회통합서비스를 통해 북한이탈주민들의 삶의 질을 향상시켜야 한다.

넷째, 북한이탈주민들의 고용기회 확대와 취업지원체계 재구축을 통해 안정된 일자리를 창출해야 한다. 기업의 고용기회 확대는 고용노동부, 중소벤처기업부, 여성가족부, 행정안전부, 통일부, 하나재단이 협업하여 일자리 창출과 자립지원에 시너지 효과를 발휘해야 하며 정부와 지자체의 일자리 알선 및 지원과 함께 민간협의회의 활성화를 추진해야 한다.

1990년대 중반부터 시작되었던 북한이탈주민들의 대거 탈북역사가 20년을 훌쩍 넘겼다. 2000년대 이전에는 경제난과 생존을 위해 입국하였다면 최근에는 더 나은 삶을 위한 탈북동기의 변화와 함께 젊은 세대들과 엘리트들의 탈북이 늘어나고 있다. 통일부자료에 의하면 현재 공공기관에서 근무하는 북한이탈주민이 185명으로 조사되었고, 북한이탈주민 박사가 40명이상이 배출된 점을 고려하여 북한이탈주민들의 학력을 인정해주고 그에 맞는 사회적 지위와 역할을 부여하여 그들의 잠재력과 능력을 발휘하도록 키워나가야 한다. 이번 연구조사를 통해 보여주듯이 남한사회의 곳곳에는 성공적으로 정착하여 인정받고 있는 북한이탈주민들이 많은 것만큼 이들의 정착 경험과 교훈을 서로가 공유하면서 많은 북한이탈주민들에게 실질적으로 도움이 될 수 있는 창구가 마련되어야 한다.

이 연구의 독창성은 수혜자였던 북한이탈주민 연구자가 10년간의 풍부한 남한정착 경험과 남북한 고용주들과 취업자들의 서베이를 통하여 실지 현장에서 체감하는 문제를 구체적으로 논의함으로써 기존의 연구들보다 학문적 지평을 확대할 수 있다는 것이다.

참고문헌

권오상·이진남. 2017. "북한이탈주민의 진로정체성에 관한 고찰", 『인문과학연구』 52: 505-531.

김병로. 2016. 『북한, 조선으로 다시 읽다』 서울: 서울대학교출판문화원.

김영지. 2019. "북한이탈주민의 창업성공과정 연구", 이화여자대학교 대학원 박사학위논문.

김현아. 2013. "북한이탈 성인학습자의 진로탐색 이행과정 연구: 사이버대학 경험자를 중심으로", 『진로교육연구』 26(2): 156-159.

김홍철. 2018. "북한이탈주민 취업지원 체계에 관한 연구: 직능수준이 직업선택에 미치는 영향을 중심으로", 고려대학교 대학원 박사학위논문.

김화순. 2009. "북한이탈주민의 고용에 미치는 요인 연구: 인적자본 및 노동시장 구조요인을 중심으로", 한국기술대학교 대학원 박사학위논문.

노경란·전연숙. 2009. "입국 초기 북한이탈주민 대상 단기 진로개발교육 효과 연구: 학습자의 진로인식 수준 변화를 중심으로", 『통일정책연구』 18(1): 45-277.

박상옥·최늘샘. 2011. "북한이탈주민의 안정적 직업생활을 위한 교육요구: 인문 학 교육적 접근의 필요성", 『Andragogy Today: International Journal of Adult & Continuing Education』 14(2): 126-127.

박상철. 2008. 『한국정치법학론』 경기 파주: 리북.

박은숙. 2013. "북한이탈주민의 직장생활 부적응에 영향을 미치는 요인 연구: 이직 의도를 중심으로", 숭실대학교 대학원 박사학위논문.

박채순. 2011. "북한이탈주민의 한국사회 유입과 적응 실태 연구: 서울시 노원구를 중심으로", 『디아스포라연구』 5(2): 63-88.

석현호. 2000. "국제이주이론: 기존이론의 평가와 행위체계론적 접근의 제안", 『한국인구학』 35(1): 5-37.

송현심·홍혜영. 2010. "사회적 지지, 진로결정 자율성이 진로준비행동에 미치는 영향: 진로결정 자기효능감의 매개효과", 『상담학연구』 11(3): 1325-1350.

신광교. 2017. "북한이탈주민 사회적 기업 사례 비교분석: 메자닌 아이팩 (주) 및 메자닌 에코원(주) 사례를 중심으로", 충북대학교 대학원 석사학위논문.

오은경. 2018 "북한이탈주민의 직업적응 과정", 숙명여자대학교 대학원 박사학위논문.

오은진 외 3인. 2012. 『북한이탈주민 직업훈련의 효과성 제고방안』 남북하나재단.

유시은 외 3인. 2012. "북한이탈주민의 의식 변화에 대한 질적 연구: 남한 입국 3년된 북한이탈주민들을 대상으로", 『통일연구』 16(2) 67-120.

유시은 외 4인. 2005. "남한 내 북한이탈주민의 3년간 사회적응 추적연구: 2001년부터 2004년까지 생활과 교육을 중심으로", 『통일연구』 9(1): 73-105.

유지웅. 2007. "북한이탈주민의 사회적 배제", 『통일문제연구』 제19권 제1호: 145-175.

윤승비. 2015. "북한이탈주민 경제자립에 관한 연구: 프렌차이즈 편의점 운영사례를 중심으로", 서울기독교대학교 대학원 석사학위논문.

이종은. 2008. "남한사회에서의 북한이탈주민 직장유지경험 연구", 『한국사회복 지질적연구』 2(1): 33-61.

이지영. 2017. "탈북어머니의 정신질환을 가진 청소년 자녀돌봄 경험에 관한 근거이론 연구", 서울사이버대학교 대학원 석사학위논문.

임순희·윤인진·김슬기. 2018. 『2017년 북한이탈주민 경제사회통합 실태』 서울: 북한인권정보센터.

임안나·강길봉. 2014. "북한이탈주민의 취업활동 추이분석을 통한 취업지원정책의 평가", 『한국지방자치연구』 제16권 제1호, 53-81.

전연숙. 2012. "탈북여성의 취업촉진요인과 장애요인", 『여성연구논총』 10:

107-130.

전연숙·김봉환. 2005. "북한이탈주민 취업지원프로그램의 개발 및 효과성에 관한 연구", 『직업교육연구』 24(1): 111-132.

조민희. 2019. "북한이탈주민의 한국사회 정착방안: 재사회화를 위한 교육훈련제도를 중심으로", 고려대학교 대학원 박사학위논문.

조유환. 2018. "북한이탈주민의 사회 부적응 연구", 대진대학교 대학원 석사학위 논문.

조인수. 2018. "북한이탈주민의 직업문화충돌과 직업적응과의 관계 분석", 경기대학교 대학원 박사학위논문.

최수찬 외 3인. 2019. "여성 북한이탈주민의 경제활동에 관한 탐색적 연구: 직장생활을 중심으로", 『다문화사회연구』 12(1): 131-163.

최승호. 2010. "북한 새터민에 대한 사회통합 방안: 독일 사례를 바탕으로", 『정치정보연구』 13(1): 161-190.

통일부. 2018. 『2018 북한이탈주민 정착지원 실무편람』 서울: 통일부.

편송경. 2008. "북한이탈주민의 남한사회 적응에 관한 연구", 서울기독교대학교 대학원 박사학위논문.

Rumbaut, R. G., 1989. "Portraits, Patterns and Predictors of the Refugee Adaptation Process", in D. W. Haines(ed.), *Refugee as Immigrants*, NJ: Rowman and Littlefield Publishers, 138-182.

Kibria Nazli., 1994. "Household Structure and Family Ideologies: The Dynamics of Immigrant Economic Adaptation Among Vietnamese Refugees", *Social Problems*, 41(1), 81-96.

Swanson, J. L., 1996. Daniels, K. K., & Tokar, D. M. Assessing perceptions of career barriers: The Career Barriers Inventory. *Journal of Career Assessment*, 4.

Dawis, R. V. & L. H. Lofquist, 1984. *A psychological theory of work adjustment. Minneapolis*, MN: University of Minnesota Press, 219-244.

Holmes, T. H. & R. H. Rehe, 1967. "The Social Read justment Scale", *Journal of Psychosomatic Research*, 11, 213-218.

Potocky-Tripodi, M., 2004. "The role of social capital in immigrant and refugee economic adaptation", *Journal of Social Service Review*, 13(1); W. G. Scott, Organization Theory. Homewood. IL.: Irwin.Irwin, 59-91.

제2장

북한이탈주민 기업가정신

정 마리안네*

1. 머리말

북한에서 남한으로 넘어온 주민(이하 '북한이탈주민')은 3만 명 이상으로, 매년 1,500명에서 2,500명 정도 입국을 하고 있다(김승진·전무경, 2017). 북한이탈주민은 입국 후 생계를 걱정해야 할 뿐만 아니라 완전히 새로운 경제체제와 정치문화에 적응하기 위해 노력해야 한다. 남한과 북한이 같은 역사와 민족문화 배경을 갖고 있다하더라도, 남한 내 북한이탈주민은 다른 소수 집단으로 비춰지고 있다(Kim and Jang, 2007). 직장 내 차별과 저소득 등으로 인하여, 북한이탈주민은 창업으로 이와 같은 지위를 벗어나려고 노력한다. 평균적으로 북한이탈주민 창업가들은 직장생활을 하는 이들에 비하여 소득이 높은 것으로 조사되었다(김영지, 2019). 다른 조사에서는 112명 북한이탈주민

* 오스트리아 비엔나대학교 한국학과 박사과정 및 조교

중 51% 가 창업을 준비중인 것으로 확인되었으며(조봉현, 2015), 특히 청년들이 강한 기업가정신을 보여 주고 있다(김승진·전무경, 2017). 약 1,100개의 북한이탈주민 사업장이 있는 것으로 추정되고 있지만 잘 알려지지 않고 있다(김영지, 2019).

이에 본 연구에서는 49명 북한이탈주민들의 개인적 기질 즉, 진취성, 위험감수성, 혁신성, 자기효능감 등을 분석하고자 한다. 이는 북한이탈주민들 기업경영능력에 관한 문헌에 기여될 수 있으며, 그들의 기업경영 촉진과 안정을 제공하는 지원환경을 창출하는데 도움이 될 것이다.

안정적인 직업은 사회구성원들의 사회 관계를 향상시키며, 그들이 사회안에서 동질감을 느끼게 한다(Porter & Haslam, 2005). 북한이탈주민의 사업 번영은 남한 사회 내에서 그들에 대한 인식이 긍정적으로 바뀌게 될 것이고, 사회통합문제를 해결할 수 있는 단서가 될 것이다. 그러므로 북한이탈주민들 사업에 대한 이해와 그 과정에 대한 연구가 필요하다.

한편, 중국 내 북한이탈주민 조사에 따르면, 북한이탈주민 중 대다수가 경제적인 상황으로 인해 북한을 떠난다고 한다(Haggard and No-land, 2011: 30). 북한은 해외 이주에 대해 엄격한 처벌 원칙을 고수하고 있으며, 북한이탈주민들이 그 곳을 떠나면 엄밀히 말해 범죄를 저지르고 있는 것이다(Lankov, 2006: 3). 중국 정부는 북한이탈주민을 난민으로 인정하지 않고, '경제적 이주자(economic migrants)'로 부르며, 그들을 다시 북한으로 돌려 보내고 있다. 만약 북한이탈주민들이 중국에서 잡히면, 그들은 북한으로 송환되어 구금되고, 감옥에서는 가혹한 처벌을 받게 된다. 또한 중국 정부는 북한인들을 숨기거나 제3국으로의 탈출을 도와주는 NGO 활동가들을 체포하거나 감금을 하기도 한다(Courtland, 2010: 16). 전해지는 바에 의하면, 1960년대 초에 중국과 북한은 국경지대 관리 안보에 관한 비밀서명을 했다고 한다. 1986년에는 북한인들의 귀환에 관한 조약이 서명 되었다.

대부분의 북한이탈주민들은 중국과 한민족이 섞여 살고 있는 연변조선자치구에서 숨어 산다(Haggard and Noland, 2011). 연변조선자치구는 러시아 영토의 오른쪽 끝부분과 북한의 영토의 북동쪽에 위치하고 있으며, 이 곳에는 보수적인 추산으로 10만여 명의 북한이탈주민들이 있는 것으로 알려져 있다. 이 구역은 17세기 초부터 조선인들의 거주가 시작되었고, 한일 합병 조약 이후 지속적으로 이주가 늘어났다. 연변조선자치구 인구 중 약 40퍼센트는 중국계 조선인(845,000명)이며, 북한이탈주민들은 그들과 생활하며 일을 하고 있다. 인권 침해, 북한 여성들에 대한 밀거래는 심각한 수준에 이르고 있다(Haggard and Noland 2011; 윤인진, 2001).

중국 내 불안정한 체류 상황, 또한 중국 공안으로부터의 몰려오는 불안과 공포는 북한이탈주민들을 남한으로 가게 만든다. Haggard and Noland(2011)는 북한이탈주민 중 40퍼센트 이상이 중국에서 3년 이상 지낸 후 중국을 떠난 사실을 발견했다. 북한이탈주민들은 설령 중국을 떠나더라도, 소위 '지하철 체계(underground railway system)'로 불리우는 몽고, 태국, 캄보디아, 라오스 등지로 발길을 향한다. 북한이탈주민들이 각 국경을 넘은 후에는 남한으로의 이동을 도와주는 한국 대사관에 보호 신청을 한다(Courtland, 2010: 16).

<그림 1> 북한이탈주민 입국인원 현황

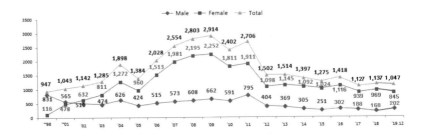

출처: 통일부 홈페이지

　〈그림 1〉은 1998년부터 2019년까지의 북한이탈주민 입국인원 현황
을 보여주고 있으며, 2007년과 2011년 사이에 가장 많은 북한이탈주
민들이 입국을 하였다. 2012년부터 수치가 낮아진 것은 김정은이 정
권을 잡기 시작하여, 국경지역 경계를 강화한 영향으로 보여진다. 통
계는 2002년 후 여성이 남성을 추월한 것을 나타내고 있으며, 현재
북한이탈주민 70%가 여성이다. 2019년 12월 기준, 총 33,523명의 북
한이탈주민들이 한국으로 입국하였다.

　연령을 살펴보면, 북한이탈주민들의 절반 정도(57.4%)가 20-30대
인것으로 조사되고 있다. 출신 지역을 보면, 60%가 함경북도, 16.3%
가 양강도 인것으로 나타난다. 이들 접경 지역에서 비교적 쉽게 중국
으로 떠나고 있다.

　다음으로 북한이탈주민의 경제활동과 창업에 대해서 살펴보고자 한
다. 1990년도 후반 사회학자인 윤인진에 의한 남한 내 북한이탈주민
사업가들의 특징과 문제를 중심으로 한 연구는 북한이탈주민 기업가
정신에 대한 최초 문헌이다(윤인진, 2000). 당시 연구 참가자들은 비교
적 나이가 많았고, 전부 남성이었지만 근래에는 상황이 많이 바뀌었다.
최근 북한이탈주민들은 젊은 층이며, 여성 사업가들도 있다. 2001년

도부터 여성 북한이탈주민 수가 남성 북한이탈주민 수보다 많은 것이 이를 반영한다. 여성 북한이탈주민은 70퍼센트 정도를 차지하고 있다 〈그림 1〉.

1990년대 이후, 북한이탈주민 창업에 대한 연구조사는 많이 이루어지지 않았지만, 최근들어 관심이 늘고 있다. 중소기업청(NK경제인연합회)에서는 북한이탈주민들의 기업가 행동을 조사하였으며(김현철, 2015), 북한인권정보센터에서도 그들의 사회 경제적 적응 실태 연구를 수행했다(Lim and Kim, 2019). 또한 하나원에서도 북한이탈주민들의 경제 활동에 대한 설문조사를 매년 시행하고 있다. 이러한 연구들이 북한이탈주민들 사업에 대한 정보들을 제공하고 있다.

북한인권정보센터에서는 2018년 12월 부터 2019년 1월 까지 북한이탈주민의 사회 경제적 통합에 관한 연구가 진행되었다(Lim and Kim, 2019). 414명의 북한이탈주민들이 이 연구에 참여했으며, 이들 중 70.5퍼센트가 북한에서 중등교육을 받았다. 이 중 66.9퍼센트는 한국 도착이 더이상의 교육을 원하지 않았다. 북한이탈주민이 종사하고 있는 직종으로는 사업과 공익사업(40.6%), 도소매 식품 또는 숙소(24.2%), 전기, 수송, 통신(13.5%), 광업과 제조(13.2%), 건설(6.6%), 농업 또는 임업(1.2%)로 조사되었다(Lim and Kim, 2019: 17). 북한이탈주민의 소득 수준은 한국 수준의 70퍼센터 정도인 것으로 파악된다. 그들의 평균소득은 1,948,200원 인데, 회사 종사자들의 평균임금은 1,864,300원인 반면 한국 회사원들의 평균임금은 2,870,000원 이다. 북한이탈주민의 13.2퍼센트를 차지하는 자영업을 하는 사람들의 평균 월급은 2,829,500원이다(Lim and Kim, 2019: 17-18).

<그림 2> 북한이탈주민 고용형태 별 취업 현황

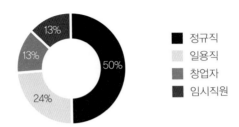

정규직
일용직
창업자
임시직원

출처: Lim and Kim, 2019: 131

'2015년도 북한이탈주민 사업체 유형 조사'에 의하면, 총 127사업체 중 37개가 음식관련 사업, 30개가 소매업, 23개가 제조업으로 나타났다. 16개 업체가 이미용업소와 세탁업, 9개가 광고서비스업, 8개가 도매업, 2개가 노래방 또는 스포츠센터, 2개가 교육사업으로 조사됐다 (김현철, 2015).

<그림 3> 북한이탈주민 사업체 유형

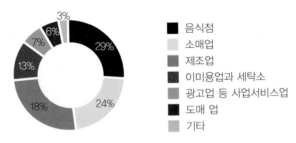

음식점
소매업
제조업
이미용업과 세탁소
광고업 등 사업서비스업
도매 업
기타

출처: 김현철, 2015: 4

여성들의 활발한 경제참여도 보여진다. 위 조사중 47.5퍼센트가 남성 사업주였고, 52.5퍼센트는 여성 사업주이다(김현철, 2015). 2019년 북한인권정보센터 조사에서는 창업자중 12명(44%)이 남성, 18명 (56%)이 여성으로 조사되었다(Lim and Kim, 2019).

사업 운영 기간을 살펴보면 대부분 3년 이상을 버티지 못한다(그림 4 참조). 이 통계는 숫자들이 짧은 사업 운영기간이 일반적인 것인지, 혹은 인터뷰 시 사업 운영 기간이 짧은 것인지에 대해서는 설명하지 못한다.

〈그림 4〉 북한이탈주민 사업 운영기간

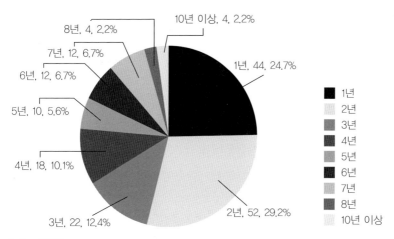

출처: 김현철 2015: 37

김현철의 조사에서는 북한이탈주민이 창업을 한 것에 대해 잘했는 지에 대한 질문에 '잘했다'라고 62퍼센트가 대답하였고, 8퍼센트가 '잘 못했다'고 답하였다(김현철 2015: 91). 이 조사에서도 회사 종업원보 다 창업자가 수입이 많은 것으로 나타났다. 따라서 창업이 개인 자립 에 상당한 도움이 된다는 결과를 볼 수 있다(김현철, 2015: 90).

마지막으로, 북한이탈주민 사업 성공사례 및 기업가정신에 대한 연구사례를 살펴보고자 한다. 김영지(2019)는 북한이탈주민의 창업성공 과정을 연구하였다. 북한이탈주민의 창업동기에 대한 질문에 '경제적 안정성에 대한 갈망', '생존위기의식' 등의 답변이 있었다. 창업 성공과 정은 '창업준비단계', '내실 다지기단계', '지속가능성 모색단계', '창업 성공단계'로 파악되었다. 이러한 상호작용 전략을 촉진하고 억제하는 작용을 하는 중재적 조건은 '인맥의 범위'와 '창업지원제도 미비'로 나타났다.

윤인진(2000)의 연구에서도 북한이탈주민은 성공과 사회로부터의 인정이 창업에 대한 동기부여라는 것을 발견하였다. 북한이탈주민의 사회적 구성요소가 바뀌었을지라도 사회적 문제는 많이 나아지지 않은 것으로 볼 수 있다.

박남태(2016)는 북한이탈주민 기업가 정신에 대해 최초로 개인적 속성에 대해 조사하였다. 그는 북한이탈주민 323명을 대상으로 창업 의도에 미치는 영향 요인들에 대해 분석연구를 실시하였고, 경제적인 안정과 사업에 대한 교육이 북한이탈주민 창업에 미치는 가장 긍정적 인 영향인 것으로 밝혀졌다.

정마리안네(2018)는 사례연구를 통해 북한이탈주민 기업가들이 그들 자신의 위험감수성과 도전정신에 대해 강조하는 것을 발견하였다. 북한이탈주민들의 기업경영능력에 대한 개인적 기질에 대해 심층분석 을 하고자 해당 연구를 시작하게 되었다.

다음 장에서는 분석을 위한 변수의 토대가 되는 고전적 기업가 이론 을 검토하도록 한다.

2. 이론적 배경 및 분석연구를 위한 변수

1) 기업가정신에 대한 이론 연구 및 변수

"왜 어떤 사람들은 기업가가 되고 기업가이지 않은 사람과 구분하는 것은 기업 가정신 연구 중에 핵심 질문이다("Why certain people become entrepreneurs and how they differ from the non-entrepreneur population are central questions in entrepreneurship research"(Hamböck, Hopp, Keles, & Vetschera, 2017))."

본 장에서는 북한이탈주민 기업가정신 연구를 위해 기업가정신에 대한 기존 이론을 고찰하였고, 연구를 위한 변수들을 살펴보았다.

기업가정신에 대한 문헌 중에 '누가 기업가이고 누가 기업가가 아닌 지'에 대한 개념적인 해석과 구분에 대한 통합 연구는 아직까지 찾아 볼 수가 없다(Shane & Venkataraman, 2000: 218). 예를 들어, 가 게를 창업한 이민자들이 최첨단 기술을 가진 스타트업 설립자들과 같 은 기업가인지, 그 여부에 대한 설명을 찾아보기 힘들다(Schüler, 2020: 73). 그래서 기업가정신에 대한 문헌을 확인할 때, 여러가지의 해석과 정의를 찾게 된다. Schultz & Rehder(2017: 10-14)는 기업 가의 특성과 기회에 집중하여 기업가정신 정의를 객관적으로 연구하 였다.

Venkataraman(1997)은 다음과 같이 개인 주체적인 부분에 주목 했다. '기업가 정신은 어떻게, 누구에 의해서, 어떤 결과가 미래 재화 와 서비스를 제공할 수 있는 기회를 발견, 창조, 이용하는 것이다(c.f. Schultz & Rehder, 2017: 10-14)'. Shane and Venkataraman은 개인의 성격이 기업가정신의 모든 것을 설명할 수는 없다고 했다. '사람들은 기회와 상황에 맞춰 반응을 한다. 안정적인 성격이 모든 상황에 대해, 모든 사람들을 차별화 할 수는 없다(Shane and Venkataraman, 2000: 219).' Kirzner(1974)는 기업가들이 사업 기회를 다른 방식 또는 관점으로 접근하며, 특출한 기질을 발휘하여 이익을 얻는다고 했다. Kirzner는 '진취성(pro-activeness)'이 사업가의 기회포착능력이라고 논하였다(Kirzner, 1974).

전통적으로 경제 연구에서는 위험을 감수하는 성격이 기업가가 되는데 중요한 요소가 된다고 보았다(Hamboeck et al. 2017: 1). '기업가는 불확실성 아래 매수와 매도의 결과를 감수하는 투기자'라고 하기도 했다(Cantillon (1755) in Parker, 2009: 31-32). 다른 관점으로는 Knight(1921)는 기업가는 태어날 때 부터 기업가가 되는 것이 아니라, 개인이 자신의 위험한 요소들을 판단한 후, 종업원 또는 기업가되는 것을 선택하는 것으로 보았다. 여기서 '위험 조정 수익'의 중요성이 강조된다(in Parker, 2009: 32).

Schumpeter(1934)의 이론은 기업가 정신 연구의 대표적인 연구로 신상품 출시, 새로운 생산방법의 소개, 신시장 개척, 새로운 공급 방법 또는 새로운 조직 구성 등의 '혁신성'이 그 핵심이다. Stevenson/Gumpert(1985)는 과정에 주목을 하면서, '기업가정신을 개개인이 추구하고 그들이 현재 제어하고 있는 자원들에 관계없이 기회를 이용한다'고 했다. Timmons(1997)는 혁신적인 정신에 대해 '기업가정신은 기회주도적이고, 전체론적으로 접근하며, 통솔력이 균형잡힌 상태에서 생각하고, 판단하고, 행동하는 방식이다.'라고 언급했다.

창업 시 새로운 환경에 적응하는 것은 그 자체도 도전적인 일이고, 창업에 도전하는 자에게 기회와 계획을 실행할 수 있는 노하우가 필요하다. 이 과정에서 '자기 효능감'을 필요로 한다. 자기효능감은 인지,

사회, 행동 등의 기량이 행동으로 이어질 수 있게끔 구조화되는 되는 과정을 포함한다(Bandura, 1982). 그러므로 자기 효능감은 기업가정신 영역에서 여러차례 연구되었다(Ahlin et. al 2014, Milstein 2005, Hartsfield 2003). 자기 효능감의 효과는 기업가의 의도(Wang et. al 2014), 그리고 회사의 성장에 대한 연구 시 활용되었다(Bratkovič et.al 2012). 이러한 연구들을 살펴볼 때 기업가정신을 분석하는 데 있어 진취성, 위험감수성, 혁신성, 자기효능감 등의 개인적인 요소들이 강조되고 있다.

2) 창업동기 및 네트워크에 대한 이론 연구

Schultz & Rehder는 기업가정신 연구 중 '필요창업'과 '기회창업'에 대해 논하였다. '필요창업'은 실업에 직면했거나 비교적 혁신적인 상품 또는 사업 방안이 아닌 사업으로 간주된다. 이는 커피숍, 세탁소 등 용역사업에서 많이 볼 수 있다. 이러한 사업의 성질로는 회사의 성장이 제한되거나 가족사업이 특징이다. 필요 창업가들은 실업에 직면하여 사업을 시작하게 되는 것으로 특징지어 진다. 이와는 대조적으로 '기회창업'은 기술진보적 또는 혁신적, 시장 주기에 의존적이기는 하나, 사업 설립자에 관계없이 독립적인 제품을 출시하는 경향이 있다. '기회창업' 영역은 비교적 사업성장의 제한이 없다. 사업을 하기 위한 흡인요인으로써 기회를 이용하고 활용하는데 집중을 한다(Schultz and Rehder, 2017: 10-14).

Chrysostome은 필요이민사업가들이 주로 개발도상국 출신이며, 전문적인 직업경험과 출신국가에서의 교육, 자본이 제한적이고, 같은 민족출신의 고용 그리고 장시간의 근무시간이 특징인 것으로 주장한다(Chrysostome, 2010: 138). 이러한 단점을 극복하기 위해 필요이민 기업가들은 같은 민족공동체에 많이 의지한다. 이러한 공동체들은 자본과 고용을 제공할 뿐만 아니라 그 종족 공동체에 상품과 용역을 제공하는 시장을 형성하기도 한다. 예를 들어, 미국의 로스엔젤레스에서 거의 50만 명의 한국 공동체가 형성되어 있으며, 고용과 기업들은 서로 많은 영향을 주거나 의지한다. 그러므로 공동체 자원이 매우 중요한 요소라고 할 수 있다. Hopp and Stephan(2012)는 공동체 구성원들과 지역 투자자들이 사업 창출에 활발히 지원하고 있는 것을 밝혀냈으며(Hopp and Stephan, 2012: 924), 이러한 사회적 네트워크는 자원 이동, 도덕 등에 도움을 주는 것으로 나타났다(Welter and Kautonen, 2005: 368). 이러한 문헌들을 바탕으로, 아래 표와 같이 분석연구를 위한 변수들을 선택하였다.

〈표 1〉 분석연구를 위한 변수

변수	문항수	출처
진취성	6	Kirzner(1974), Hopp & Stephan(2012), Hallam et al.(2014)
위험감수성향	5	Hamboeck et al.(2017), Parker(2009), Knight (1921)
혁신성	6	Schumpeter(1934), Drucker(1985)
자기효능감	6	Bandura(1982), Ahlin, et al.(2014), Milstein (2005), Hartsfield(2003)
창업동기	14	Venkataraman(1997), Chrysostome(2010)
네트워크	8	Hopp & Stephan(2012), Welter & Kautonen (2005), 김영지(2019), 박남태(2016)

3. 연구 설계 및 방법

분석에 사용 된 변수들은 기존 이론으로부터 도출되었고, 분석을 위한 파일럿 연구(pilot-study)는 2019년 8월부터 9월까지 수도권 일대에서 진행되었다. 파일럿 연구는 서울에서 북한이탈주민 10명을 대상으로 실시하였다. 북한이탈주민 사업가들의 교육 워크숍 중에 실시되었다.

본 설문 조사는 2019년 10월 11일부터 11월 1일까지 진행하였다. 분석에 대한 자료는 단국대학교 창업지원단 소속 이존호 박사의 도움으로 수집되었다. 연구대상은 북한이탈주민 창업교육을 이수한 교육생들을 대상으로 온라인 설문을 시작하여 35명에게 설문을 진행하였고, 북한이탈주민의 창업의도를 연구해 온 연구자의 도움으로 오프라인 설문을 진행하여, 최종 49명으로부터 자료를 수집하였다. 온라인, 오프라인의 설문 집단 모두 창업교육과 남한사회 정착교육을 받거나, 받았던 교육생들로 그렇지 않은 북한이탈주민에 비해 남한 정착에 보다 적극적으로 활동하고 있는 것으로 판단하여, 북한이탈주민의 활발한 경제활동 방안을 찾는데 적합한 표본이라 판단하였다.

핵심 설문 항목에 대한 대답 범위는 아래와 같이 리커트 유형 스케일(Likert-type scale) 방식을 채택했다. 조사데이터는 빈도분석 프로그램 IBM SPSS Statistics 26을 사용하여 분석되었다.

4. 연구결과 분석

1) 일반적 특성

조사대상자의 일반적 특성은 다음과 같다. 조사결과 응답자 49명 중 '남성'이 15명으로 30.6%, '여성'이 34명으로 69.4%로 나타났다. 그들 중 42.9%는 기혼이었고, 57.1%는 미혼이었다. 연령은 30세 이하가 18명으로 36.7%, 31세 이상 50세 이하가 25명으로 51.0%, 51세 이상이 6명으로 12.2% 였다. 탈북시기로는 1995년~2000년에 6명, 2001년~2005년에 13명, 2006년~2010년에 12명, 2011년~2015년에 11명, 2016년 이후에는 7명으로 집계되었다. 북한에서의 출신지역으로는 함경북도가 21명(42.9%)으로 제일 많았으며, 양강도 15명, 함경남도 6명, 자강도 외 기타지역이 7명이었다.

〈표 2〉 연구대상의 인구통계학적 특성

구분		응답수	%
성별	남	15	30.6
	여	34	69.4
결혼 여부	기혼	21	42.9
	미혼	28	57.1
연령	만 30세 이하	18	36.7
	만 31세~50세	25	51.0
	만 51세 이상	6	12.2
탈북시기	1995년~2000년	6	12.2
	2001년~2005년	13	26.5
	2006년~2010년	12	24.5
	2011년~2015년	11	22.4
	2016년~	7	14.2

구분		응답수	%
북한에서의 출신지역	함경북도	21	42.9
	양강도	15	30.6
	함경남도	6	12.2
	자강도외 기타	7	14.0

조사대상자의 북한에서의 최종학력은 아래와 같이 조사되었다. 북한에서 중고등학교 졸업을 한 대상자들이 21명(42.8%)이었으며, 42.9%가 전문대 내지 대학이상의 교육수준을 보였다. 남한에서의 교육수준을 보면, 44.9%가 고졸이하였으며, 40.8%가 대학을 졸업하였다. 남한에서의 직업을 살펴보면 기타(무직 등)가 34.7%로 가장 많은 부분을 차지하였고, 경영자 12명(24.5%), 학생 8명(16.3%), 관리 및 사무직 7명(14.3%)가 그 뒤를 이었다. 월 수입조사에서는 학생 8명, 무직 17명이 100만원 이하의 수입을 갖고 있었고, 100만원~200만원 이하는 4명(8.2%), 200만원 이상은 20명(40.8%)이 있었다.

〈표 3〉 연구대상의 인구통계학적 특성

구분		응답수	%
북한 거주 기간	10년 이하	2	4.1
	11년~15년 이하	2	4.1
	16년~20년 이하	15	30.6
	21년~25년 이하	11	22.4
	26년이상	19	38.8
남한 거주 기간	5년 이하	20	40.8
	6년~10년 이하	10	20.4
	11년~15년 이하	17	34.7
	16년 이상	2	4.1

구분		응답수	%
북한에서의 최종 학력	인민학교	7	14.3
	중 고등학교	21	42.8
	전문대 졸업	16	32.7
	대학 이상	6	10.2
남한에서의 최종 학력	고졸이하	22	44.9
	전문대졸	4	8.2
	대학졸업	20	40.8
	대학원 이상	3	6.1
남한에서의 직업	경영자(CEO)	12	24.5
	학생	8	16.3
	관리 및 사무직	7	14.3
	서비스종사자	3	6.1
	농축산종사자	2	4.1
	기타(무직 등)	17	34.7
남한에서의 월 수입	100만원 이하	25	51.0
	100만원~200만원 이하	4	8.2
	200만원 이상	20	40.8

2) 기업가정신에 대한 결과 분석

(1) 진취성

기존 연구에서 강조된 바와 같이, 진취성은 기업가정신을 대표하는 속성이다. 첫 번째 질문인 '새로운 기회를 포착하기 위해 노력을 한다'에는 긍정적인 답변이 85.7%를 차지했고, '보통'에 7명(14.3%), 부정적인 답변을 한 조사자는 없었다. 적극적으로 지식습득을 하는지에 대한 질문에도 40명(81.6%)이 긍정적인 답변을 하였으며, '보통'에는 9명(18.4%), 부정적인 답변 역시 없었다. 29명(59.2%)이 '진보적으로 학습한다'에 절반이상(59.2%)이 긍정적으로 답하였으며, '보통'에 17명

(34.7%), '그렇지 않다'에는 3명(6.1%)이 답변했다. 새로운 유행을 추구하는 것에 대한 질문에도 약 절반가량인 27명(55.1%)가 '그렇다'와 '매우 그렇다'에 답했고, '보통'이 19명(38.8%), '그렇지 않다' 2명 (4.1%), '전혀 그렇지 않다'에 1명(2%)이 답했다.

추진력에 대한 질문에는 설문자의 대다수인 44명(89.8%)이 '한 번 결심하면 추진한다'는 질문에 '그렇다'와 '매우 그렇다'를 선택했다. '환경변화에 적극적으로 대응한다'는 질문에도 역시 41명(83.7%)이 '그렇다'와 '매우 그렇다'로 대답하면서 강한 경향을 보였다.

진취성 관련 질문에 대한 조사 대상자들의 대답 평균이 4.06으로 나타났으며(5가 가장 강한 경향, 1이 가장 약한 경향), 이는 조사 대상자들의 진취성이 강한 것으로 결론지을 수 있다.

〈표 4〉 진취성   응답수 (퍼센트)

질문	전혀 그렇지않다 ①	그렇지 않다 ②	보통 이다 ③	그렇다 ④	매우 그렇다 ⑤	평균 ①-⑤
1. 나는 새로운 기회를 포착하기 위한 노력을 한다.			7 (14.3)	23 (46.9)	19 (38.8)	4.2
2. 나는 새로운 지식 습득을 위해 적극적으로 학습한다.			9 (18.4)	18 (36.7)	22 (44.9)	4.3
3. 나는 보수적인 기질보다는 진보적으로 학습한다.		3 (6.1)	17 (34.7)	17 (34.7)	12 (24.5)	3.8
4. 나는 새로운 것이 좋으며, 새로운 유행을 추구한다.	1 (2.0)	2 (4.1)	19 (38.8)	19 (38.8)	8 (16.3)	3.6
5. 나는 한번 결심하면 추진한다.		1 (2.0)	4 (8.2)	28 (57.1)	16 (32.7)	4.2

질문	전혀 그렇지않다 ①	그렇지 않다 ②	보통 이다 ③	그렇다 ④	매우 그렇다 ⑤	평균 ①-⑤
6. 나는 환경변화에 적극적으로 대응 한다.		1 (2.0)	7 (14.3)	20 (40.8)	21 (42.9)	4.3
진취성 평균						4.1

(2) 위험 감수성

경제연구에서 전통적으로 위험을 감수하는 성질이 사업가가 되는데 중요한 요소로 여겨진다. 그러므로 본 조사에서는 조사 대상자들에게 위험을 감수하는지, 그리고 위험에 대해 어떻게 행동하는지에 대해 물어보았다.

조사대상자 중 32명(65.3%)이 '해야 할 일이면 위험이 따르더라도 수행한다'라는 답변을 했으며 '보통이다'에는 10명(20.4%), '그렇지 않다'는 7명(14.3%)이 답변했다. 목표도달을 위한 행동에는 29명(59.2%)이 과감하고 용감한 행동을 하는 것으로 나타났으며, 15명은 '보통', 5명은 '그렇지 않다'고 답했다. 30명(61.2%)이 '위험을 회피할 수 있다면 회피한다'고 답했고, 14명(28.6%)이 '보통'이다, 4명(8.2%)이 '그렇지 않다', 1명(2.0%)이 '전혀 그렇지 않다'고 했다. 대다수 44명(89.8%)가 일을 하는 과정에서 위험이 감지되면 이를 극복하려고 노력한다는 답을 했다. 27명(55.1%)이 성공확률이 낮더라도 기회가 보이면 추진한다고 답하였으며, 7명이(14.3%)이 '보통', 14명(28.6%)이 '그렇지 않다'. 1명이 '전혀 그렇지 않다'고 답변했다.

〈표 5〉 위험감수성

질문	전혀 그렇지않다 ①	그렇지 않다 ②	보통 이다 ③	그렇다 ④	매우 그렇다 ⑤	평균 ①-⑤
7. 나는 해야 할 일이면 위험이 따르더라도 수행 한다.		7 (14.3)	10 (20.4)	21 (42.9)	11 (22.4)	3.7
8. 나 는 과 감 하 고 용 감 한 행 동 이 목표달성을 위해 필 수 적 이 라 생 각 한다.		5 (10.2)	15 (30.6)	19 (38.8)	10 (20.4)	3.7
9. 나 는 일 을 하 는 과 정 에 서 위 험 을 회 피 할 수 있 다 면 회피한다.	1 (2.0)	4 (8.2)	14 (28.6)	23 (46.9)	7 (14.3)	3.6
10. 나 는 일 을 하 는 과 정 에 서 위 험 이 감 지 되 면 이 를 극 복 하 려 고 노 력 한다.		2 (4.1)	3 (6.1)	27 (55.1)	17 (34.7)	4.2
11. 나는 성공할 확률 이 낮 더 라 도 기 회 가 보 이 면 추 진 한다.	1 (2.0)	14 (28.6)	7 (14.3)	17 (34.7)	10 (20.4)	3.4
위험감수성 평균						3.7

위험 감수성의 결과는 평균 3.73으로 나타났으며, 이는 진취성 평가에 비해 다소 약하지만 여전히 강한 경향으로 보여진다. 설문참여자들은 그들이 목표나 기회를 성취하기 위한 일을 시작하기 전에 위험요소를 고려하는 것으로 보여진다.

(3) 혁신성

Schumpeter(1934)는 기업가를 혁신적인 주체라고 보았다. 본 조사에서는 조사자들이 혁신적인 능력이 있는지 물어보았다.

창의성에 대한 질문에는 설문참여자들 중 24명(49.0%)이 보통이라고 답했다. 18명(36.7%)이 긍정적인 답을 했으며, 7명(14.3%)이 그렇지 않다고 대답했다. 혁신적인 사고 방식을 갖고 있는지에 대한 질문에는 32명(65.5%)가 질문에 동의한다고 하였다고, 새로운 것을 추구하는냐는 질문에는 32명(65.4%)이 동의했다. 흥미롭게도 독창적인 생각에 대한 질문에는 절반정도인 29명이 '그렇다'와 '매우 그렇다'에 답을 했고, '보통이다'에 21명이 답을 했다. 변화를 위해 새로운 아이디어를 찾으려고 노력한다는 질문에는 26명(53.0%)가 긍정적인 답을 했고, 4명(8.2%)가 부정적인 답을 했다.

혁신성의 평균 결과는 3.7로 조사되었으며, 이는 조사대상자들의 혁신적 경향을 뚜렷하게 나타낸다.

〈표 6〉 혁신성　　　　　　　　　　　　　　　　　　　응답수 (퍼센트)

질문	전혀 그렇지않다 ①	그렇지 않다 ②	보통 이다 ③	그렇다 ④	매우 그렇다 ⑤	평균 ①-⑤
12. 나는 창의성이 뛰어나다.		7 (14.3)	24 (49.0)	10 (20.4)	8 (16.3)	3.4
13. 나는 혁신적인 사고방식을 갖고 있다.		2 (4.1)	15 (30.6)	23 (46.9)	9 (18.4)	3.8
14. 나는 새로운 것을 추구한다.		2 (4.1)	15 (30.6)	21 (42.9)	11 (22.5)	3.8

질문	전혀 그렇지않다 ①	그렇지 않다 ②	보통 이다 ③	그렇다 ④	매우 그렇다 ⑤	평균 ①-⑤
15. 나는 주변에 관심을 갖고 새로운 것에 대한 창의적인 생각을 한다.		3 (6.1)	17 (34.7)	17 (34.7)	12 (24.5)	3.8
16. 나는 남들이 생각하는 것과는 다른 독창적인 생각을 더 선호한다.		6 (12.2)	21 (42.9)	11 (22.5)	11 (22.5)	3.6
17. 나는 변화를 위해 새로운 아이디어를 찾으려고 노력한다.		4 (8.2)	19 (38.8)	13 (26.5)	13 (26.5)	3.7
혁신성 평균						3.7

(4) 자기효능감

새로운 환경에 적응하는 것은 도전적인 일이며, 이는 자기 효능감을 많이 필요로 한다. 그렇기 때문에 자기 효능감은 기업가정신 연구에서 많이 고려되어져 왔다(Bandura, 1982, Ahlin, et. al 2014, Milstein 2005, Hartsfield 2003). 다음과 같이 자기효능감에 대한 결과를 도출해 낼 수 있었다.

〈표 7〉 자기효능감   응답수 (퍼센트)

질문	전혀 그렇지않다 ①	그렇지 않다 ②	보통 이다 ③	그렇다 ④	매우 그렇다 ⑤	평균 ①-⑤
18. 나는 새로운 아이디어를 낼 수 있다.		8 (16.3)	13 (26.5)	17 (34.7)	11 (22.5)	3.6

질문	전혀 그렇지않다 ①	그렇지 않다 ②	보통 이다 ③	그렇다 ④	매우 그렇다 ⑤	평균 ①-⑤
19. 나는 새로운 제품이나 서비스를 만들 수 있다.		8 (16.3)	17 (34.7)	14 (28.6)	10 (20.4)	3.5
20. 나는 내 능력으로 충분히 창업에 성공할 수 있다.	2 (4.1)	9 (18.4)	16 (32.7)	14 (28.6)	8 (16.3)	3.3
21. 나는 창업을 하는데 충분한 능력을 갖추고 있다.	2 (4.1)	9 (18.4)	20 (40.8)	11 (22.4)	7 (14.3)	3.2
22. 나는 맡은 일보다 더 어려운 일도 충분히 해낼 수 있다.		4 (8.2)	16 (32.7)	18 (36.7)	11 (22.5)	3.7
23. 나는 내게 맡겨진 일을 성공적으로 수행할 자신감이 있다.			12 (24.5)	18 (36.7)	19 (38.8)	4.1
자기효능감 평균						3.6

새로운 아이디어를 낼 수 있는지에 대한 질문에 절반 이상인 28명 (57.2%)이 긍정적인 대답을 했으며, 13명(26.5%)이 '보통', 8명 (16.3%)은 '그렇지 않다' 라고 답했다. '새로운 제품이나 서비스를 만들 수 있다'는 질문 역시 절반 가까인 24명(49.0%)이 긍정적으로 대답했다. 본인 능력으로 창업에 성공할 수 있는 질문에는 22명(44.9%)이 긍정적으로 대답한 반면, 11명(22.5%)은 부정적으로 대답을 했다. 창업을 하는데 능력을 보유하고 있냐는 질문에 긍정적인 대답은 18명 (36.7%), 부정적인 대답이 11명(22.5%) 이었다. 조사대상자들이 창업 능력에 대한 자신감이 다소 부족함에도 불구하고 창업 성공에 대한 자

신감은 좀 더 많은 것으로 나타났다. '맡겨진 일에 성공적으로 수행할 자신감이 있다'와 '맡은 일보다 더 어려운 일도 충분히 해낼 수 있다.' 질문에는 각각 37명(75.5%), 29명(59.2%)이 긍정적인 대답을 했다.

자기효능감에 대한 질문의 평균은 3.6으로 나왔으며, 이 역시 조사 대상자들이 자기효능감에 대해 긍정적인 경향이 있는 것으로 나타났다.

위에서 분석된 네가지 기업가정신에 대한 변수 분석결과 총 평균은 3.8으로 보통보다 강한 경향을 나타냈다.

(5) 창업동기

북한이탈주민 조사대상자들의 창업동기에 대한 결과는 다음과 같다. 창업 동기 중 가장 중요한 요소는 61.2%가 대답한 '사업이 본인이 원하는 일'인 것으로 조사됐다. 다른 중요한 요소로는 '개인적 삶에 더 큰 여유를 얻기 위해' 57.1%, '통제받지 않은 자유로운 업무활동을 위해' 53.1% 로 나타났다. '경제적 안정을 위해' 44.9%, '더 많은 소득을 얻기 위해' 55.1% 항목도 높은 평균을 나타냈다. 조사대상자 중 47.1%는 새로운 분야에 도전하기 위해 창업을 할 것이라고 했다. 또한 이타적인 요소인 '국가와 경제에 이바지하기 위해'라는 질문에도 40.8%가 긍정적으로 답을 했다. '더 높은 지위를 얻기 위해'라는 질문에 30.6%가 대답을 했고, '주변 인정을 받기위해' 질문에는 32.6%, 성취감을 위해서는 40.8%가 대답했다. 필요이민 이론을 적용할 수 있는 '취업이 어렵기 때문에 창업을 할 것이다'라는 질문에는 8명 (16.3%) 만이 '그렇다'와 '매우 그렇다'에 대답을 했으며, '그렇지 않다' 와 '전혀 그렇지 않다'라고 답변한 사람은 27명(53.0%)으로 나타났다.

<그림 5> 창업동기　　　　　　　　　　　　　　　　　　　　숫자: 응답수

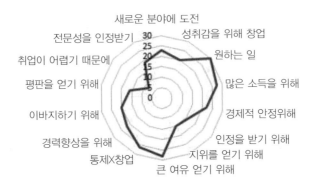

<표 8> 창업동기　　　　　　　　　　　　　　　　　　　응답수 (퍼센트)

질문	전혀 그렇지않다 ①	그렇지 않다 ②	보통 이다 ③	그렇다 ④	매우 그렇다 ⑤	평균 ①-⑤
1. 나는 새로운 분야에 도전하기 위해 창업을 할 것이다.	2 (4.1)	8 (16.3)	16 (32.7)	12 (24.5)	11 (22.4)	3.5
2. 나는 성취감을 위해 창업을 할 것이다.	2 (4.1)	10 (20.4)	17 (34.7)	12 (24.5)	8 (16.3)	3.3
3. 나는 내가 원하는 일을 하기 위해 창업을 할 것이다.	2 (4.1)	5 (10.2)	12 (24.5)	17 (34.7)	13 (26.5)	3.7
4. 나는 더 많은 소득을 얻기 위해 창업을 할 것이다.	3 (6.1)	6 (12.2)	13 (26.5)	17 (34.7)	10 (20.4)	3.5
5. 나는 경제적 안정을 위해 창업을 할 것이다.	2 (4.1)	8 (16.3)	17 (34.7)	12 (24.5)	10 (20.4)	3.4

질문	전혀 그렇지않다 ①	그렇지 않다 ②	보통 이다 ③	그렇다 ④	매우 그렇다 ⑤	평균 ①-⑤
6. 나는 주변에서 인정을 받기 위해 창업을 할 것이다	2 (4.1)	17 (34.7)	14 (28.6)	9 (18.4)	7 (14.3)	3.0
7. 나는 더 높은 지위를 얻기 위해 창업을 할 것이다.	3 (6.1)	13 (26.5)	18 (36.7)	7 (14.3)	8 (16.3)	3.1
8. 나는 개인적 삶에 더 큰 여유를 얻기 위해 창업을 할 것이다.	2 (4.1)	9 (18.4)	10 (20.4)	18 (36.7)	10 (20.4)	3.5
9. 나는 통제받지 않은 자유로운 업무활동을 위해 창업을 할 것이다.	1 (2.0)	8 (16.3)	14 (28.6)	16 (32.7)	10 (20.4)	3.5
10. 나는 내 경력향상을 위해 창업을 할 것이다.	2 (4.1)	10 (20.4)	15 (30.6)	13 (26.5)	9 (18.4)	3.3
11. 나는 국가와 경제에 이바지하기 위해 창업을 할 것이다.		11 (22.4)	18 (36.7)	12 (24.5)	8 (16.3)	3.3
12. 나는 좋은 평판을 얻기 위해 창업을 할 것이다.	4 (8.2)	11 (22.4)	18 (36.7)	9 (18.4)	7 (14.3)	3.1
13. 나는 취업이 어렵기 때문에 창업을 할 것이다.	11 (22.4)	15 (30.6)	15 (30.6)	5 (10.2)	3 (6.1)	2.5
14. 나는 내 전문성을 인정받기 위해 창업을 할 것이다.	2 (4.1)	11 (22.4)	17 (34.7)	8 (16.3)	11 (22.4)	3.3

(창업 동기에 대한 설문조사에는 관련성이 적어 총 평균을 내지 않았음.)

(6) 네트워크

문헌 연구에서 살펴본 바와 같이, 네트워크는 창업 시 자원을 수집하기 위해 중요한 역할을 한다. 북한이탈주민 중 창업을 계획하고자 하는 사람들에게 누가 가장 중요한 인적 자원인지를 조사하였다. 북한과 남한에서의 친구, 또한 기관을 통해 알게 된 사람에 대해 물어보았다.

친구가 조사대상자들에게 가장 중요한 네트워크로 나타난 반면, 그 친구들이 남한 출신이든 북한 출신이든 큰 역할을 하지는 않는 것으로 밝혀졌다. 창업 시 비슷한 수준으로 도움을 받을 수 있는 것으로 결과가 나왔다. 가족들의 도움을 받을 수 있다는 질문에 51%가 긍정적으로 대답을 했다. '본인 스스로 창업을 할 수 있다'는 질문에는 24.5%로 다소 낮은 답을 했다. 정부 기관으로부터의 도움을 받을 수 있는 방법을 아는 사람은 44.9%를 차지했으며, 설문참여자들 절반이상인 19명(59.2%)이 창업을 위해 네트워크 형성에 노력을 하고 있는 것으로 나타났다. 예상밖의 결과로, 외국의 네트워크를 이용할 수 있다는 질문에 24명(49.0%)이 긍정적인 답을 했으며, 6명(12.2%)는 외국 네트워크가 없다고 답변했다.

〈그림 6〉 네트워크 응답수

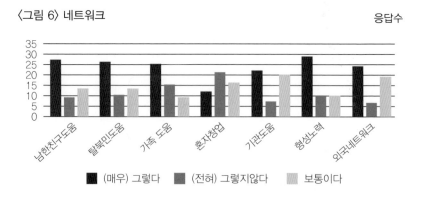

〈표 9〉 네트워크

질문	전혀 그렇지않다 ①	그렇지 않다 ②	보통 이다 ③	그렇다 ④	매우 그렇다 ⑤	평균 ①-⑤
1. 창업을 위해 남한 친구에게 도움을 받을 수 있다.	5 (10.2)	4 (8.2)	13 (26.5)	17 (34.7)	10 (20.4)	3.5
2. 창업을 위해 탈북 민에게 도움을 받을 수 있다.	5 (10.2)	5 (10.2)	13 (26.5)	17 (34.7)	9 (18.4)	3.4
3. 창업을 위해 가족 에게 도움을 받을 수 있다.	7 (14.3)	8 (16.3)	9 (18.4)	18 (36.7)	7 (14.3)	3.2
4. 본인 스스로 창업 할 수 있다.	4 (8.2)	17 (34.7)	16 (32.7)	5 (10.2)	7 (14.3)	3.4
5. 창업을 위해 도움 을 받을 수 있는 기관이 있다.	1 (2.0)	6 (12.2)	20 (40.8)	16 (32.7)	6 (12.2)	3.6
6. 창업을 위해 네트워크 형성에 노력을 한다.	1 (2.0)	9 (18.4)	10 (20.4)	18 (36.7)	11 (22.5)	3.3
7. 탈북민과 연대 감을 많이 느낀다.	1 (2.0)	7 (14.3)	23 (46.9)	12 (24.5)	6 (12.2)	3.6
8. 창업을 위해 외국 의 네트워크를 이용할 수 있다.		6 (12.2)	19 (38.8)	13 (26.5)	11 (22.5)	2.8

　　기타질문으로는 창업에 관하여 '하나원에서의 교육이 창업에 도움이 되는지' 라는 질문에 42.9%가 도움이 되지 않는다고 답하였으며, 40.8%가 보통이라고 하였다. '남북하나재단이 창업에 도움이 되는지'에 대한 질문에는 22.5%가 도움이 안된다고 하였으며, 22.4%는 도움이 된다고 하였다. 위 두 질문에 '매우 그렇다'라는 대답은 없었다. 32.7%가 북한에서의 경험이 도움이 된다고 하였고, 32.7%는 도움이

안된다고 답변했다. 사업자금에 대한 질문에 절반 가량인 44.9%가 은행에서의 대출이 어렵다고 밝혔다. 조사 대상자들의 34.7%는 창업을 위해 은행에서 대출은 하고 싶지 않은 것으로 답했으며, 28.6%만이 대출을 하고 싶다고 했다.

〈그림 7〉 기타 질문   응답수

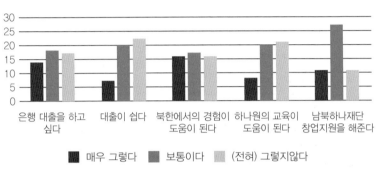

〈표 10〉 기타 질문   응답수 (퍼센트)

질문	전혀 그렇지않다 ①	그렇지 않다 ②	보통 이다 ③	그렇다 ④	매우 그렇다 ⑤	평균 ①-⑤
1. 창업을 위해 은행 대출을 하고 싶다.	5 (10.2)	12 (24.5)	18 (36.7)	7 (14.3)	7 (14.3)	3.0
2. 창업자금을 위해 은행에서 대출이 쉽다.	7 (14.3)	15 (30.6)	20 (40.8)	5 (10.2)	2 (4.1)	2.6
3. 북한에서의 경험이 창업에 도움이 된다.	7 (14.3)	9 (18.4)	17 (34.7)	12 (24.5)	4 (8.2)	2.9
4. 하나원의 교육이 창업에 도움이 된다.	7 (14.3)	14 (28.6)	20 (40.8)	8 (16.3)		2.6

질문	전혀 그렇지않다 ①	그렇지 않다 ②	보통 이다 ③	그렇다 ④	매우 그렇다 ⑤	평균 ①-⑤
5. 남북하나재단에서 창업지원을 많이 해준다.	2 (4.1)	9 (18.4)	27 (55.1)	11 (22.4)		2.9

5. 맺음말

본 연구의 목적은 북한이탈주민들의 기업경영능력을 조사하기 위해 진취성, 위험감수성, 혁신성, 자기효능감을 분석했다. 위 분석결과를 요약해보면, 북한이탈주민 조사자 중 사업 교육에 등록된 자의 70%가 여성이었고, 이는 남한 내 북한이탈주민 중 여성이 많은 점을 반영한다. 그 중 절반 이상이 미혼이었으며, 젊은 창업자들이 고등 교육을 받는 비율이 점차 증가하고 있는 것을 알 수 있었다. 북한이탈주민들의 탈북시기와 창업의 상관관계를 살펴보면, 그 기간이 창업에 많은 영향을 미치지 않는다. 북한이탈주민들의 출신지역을 보면, 북쪽 국경지대인 양강도와 함경북도 출신이 다수를 차지하였다.

진취성에 대한 답변은 총 4가지 범주 중에서 가장 강한 빈도를 나타냈다. 조사대상자들은 거의 모든 질문에 '매우 그렇다' 및 '그렇다'라고 답변했다. 빈도 분석은 총 5점 중 평균 4.06으로, 그들의 진취성이 강한 경향이 있는 것으로 결론났다.

위험 감수성에 관해서도 북한이탈주민이 높은 위험감수성을 지니는 것으로 확인되었으며, 빈도분석 평균 3.73을 나타냈다. 이 결과는 진취성 보다는 다소 낮은 결과이지만, 조사자들이 목표에 모든 비용을 지불하는 것 보다는 기회를 추구하는 리스크를 취하는 것으로 나타났다.

혁신성에 대한 결과는 다음과 같다. 조사 대상자들은 본인들이 특출나게 창의적이지는 않지만 혁신적이라고 평가하였다. 조사 대상자들은 주위환경을 고려하고, 변화를 위한 아이디어를 찾으려고 한다. 결과적으로 빈도분석은 평균 3.67으로 혁신적인 생각을 갖고 있다는 결과가 나왔다.

자기효능감 부분에서는 조사 대상자들이 본인들이 하고 있는 일에 대해 대단히 큰 자신감을 갖고 있는 것으로 나타났지만, 창업을 할 수 있는 기량에는 도움이 필요한 것으로 조사되었다. 창업 기량 부분을 제외하고는 그들이 도전정신을 갖고 있는 것을 볼 수 있었다. 빈도분석 평균 3.60이 자기효능감을 나타내었다.

결론적으로 기업가정신 평균은 3.8로 보통이상으로 나타났다. 이번 북한이탈주민 조사 대상자들의 분석은 그들이 난관을 극복하겠다는 의지를 볼 수 있었고, 이는 높은 잠재적 기업가 정신으로 나타난다.

창업하는 데 동기부여, 어떤 네트워크가 경제적 활동을 하는데 도움이 되는지에 대해서도 연구해 보았다. 창업 동기부여에 관한 질문에 다음과 같은 결론을 도출 할 수 있었다. 가장 큰 동기부여로는 그들이 '원하고자 하는 것을 실현하기 위함' 과 '통제받지 않는 자유로움 업무활동을 위해', '경제적 안정을 위해', '더 많은 소득을 얻기 위해'라는 답변에 많은 답을 했다. 이민자 필요 기업가정신 이론을 적용할 수 있는 질문 '취업이 어렵기 때문에 창업을 할 것이다'에는 빈도분석 2.5로 가장 낮은 빈도결과가 나왔다.

창업 시 또는 사업경영 시 중요한 네트워크에 관해 조사대상자들은 그 중요성을 인지하고 있는 것으로 나타났다. 조사 대상자 중 소수만이 본인의 힘만으로 창업할 수 있다고 답하였다. 창업에 도움을 받을 수 있는 지인으로는 친구들이 가족들보다 더 많은 것으로 나타났다.

조사 대상자들 중 절반 가량이 창업을 위해 네트워크 형성에 노력하고 있으며, 예상 밖의 결과로는 창업을 위해 외국의 네트워크를 이용할 수 있다는 질문에 절반 정도가 네트워크를 활용할 수 있는 것으로 대답했다.

마지막으로 후속 연구에 대한 제언은 다음과 같다. 표본 대상인 북한에서 이탈한 주민들이 북한에서 이탈하지 않은 주민들에 비해 진취성, 위험 감수성, 혁신성, 자기효능감 등의 방면에서 본질적으로 높은 경향을 갖고 있을 수 있다. 북한이탈주민이라는 그룹 자체가 위험성을 많이 감수하는 집단의 성격을 갖고 있을 수 있다. 또한 연구분석의 더 높은 타당성을 위해, 남한 출신 기업가들의 성향을 비교분석하는 연구가 요구된다.

참고문헌

김승진·전무경. 2017. "북한이탈 청년 및 대학생의 기업가정신과 창업 방향성 연구"『전문경영인연구』20(49): 105-127.

김영지. 2019. "북한이탈주민의 창업성공과정 연구", 이화여자대학교 대학원 박사학위논문.

김현경·엄진섭·전우택. 2008. "북한이 탈주민의 외상 경험 이후 심리적"『사회복지연구』39: 29-56.

김현철·노현정·정경원·윤치선·박민용. 2015.『탈북경제인 육성을 위한 탈북기업 실태조사』. 중소기업청. NK경제인연합회.

박남태. 2017. "북한이탈주민의 창업의도에 미치는 영향 요인에 관한 실증 연구: 사회적응성의 조절효과를 중심으로", 호서대학교 벤처대학원 박사학위논문.

윤인진. 2000. "탈북자의 자립정착을 위한 자조모델: 자영업 기반형성을 중심으로",『아세아연구』43(2): 143-183.

이존호. 2020.북한이탈주민 창업사례 분석과 지원정책의 새로운 방안 모색, 창업의지의 실증분석과 창업사례 중심. 중앙대학교 대학원 박사학위논문.

조봉현. 2015. "통일대비 북한이탈주민 창업활성화를 위한 정책과제,"「신안보연구」, 185(1): 149-180.

조봉현·최이섭·남정민·이존호. 2015. "북한이탈주민 창업 활성화 방안 연구: 산.학. 관 협력체제(D.I.K. 모델)를 중심으로. 중소기업연구, 37(4): 261-278.

통일부. 2019. 홈페이지(2020년 7월 25일 기준 자료).
https://www.unikorea.go.kr/unikorea/business/NKDefectorsPolicy/status/lately/

Ahlin, Branka, Mateja Drnovšek, and Robert Hisrich. 2014. "Entrepreneurs' Creativity and Firm Innovation: The

Moderating Role of Entrepreneurial Self-Efficacy." An Entrepreneurship Journal 43: 117.

Bandura, Albert. 1982. "Self-efficacy mechanism in human agency", American Psychologist, 37(2): 122-147.

Bratkovič, Tina, Boštjan Antončič, and Alex F Denoble. 2012. "Relationships Between Networking, Entrepreneurial Self-Efficacy and Firm Growth: The Case Of Slovenian Companies." Economic Research-Ekonomska Istraživanja 25: 71.

Chrysostome, Elie. 2010. "The Success Factors of Necessity Immigrant Entrepreneurs: In Search of a Model." Thunderbird International Business Review 52(2): 137-52.

Choo, Hae-yeon. 2006. "Gendered Modernity and Ethnicized Citizenship: North Korean Settlers in Contemporary South Korea." Gender and Society, 20(5): 576-604.

Courtland, Robinson. 2010. "North Korea: Migration Patterns and Prospects." Special Report. Nautilus Institute for Security and Sustainability. November 4, 2010.

Haggard, Stephan, and Marcus Noland. 2011. Witness to Transformation: Refugee Insights into North Korea. Washington, DC: Peterson Institute for International Economics.

Hamböck, Christian, Christian Hopp, Cigdem Keles, and Rudolf Vetschera. 2017. "Risk Aversion in Entrepreneurship Panels: Measurement Problems and Alternative Explanations." Managerial and Decision Economics 38(7): 1046-1057.

Hartsfield, Michael Kirk. 2003. "The Internal Dynamics of Transformational Leadership: Effects of Spirituality,

Emotional Intelligence, and Self -Efficacy." Ph.D., United States, Virginia: Regent University.

Hopp, Christian, and Johannes Martin. 2017. "Does Entrepreneurship Pay for Women and Immigrants? A 30 Year Assessment of the Socio-Economic Impact of Entrepreneurial Activity in Germany." Entrepreneurship & Regional Development 29(5-6): 517-43. https://doi.org/10 .1080/08985626.2017.1299224.

Hopp, Christian, and Ute Stephan. 2012. "The Influence of Socio-Cultural Environments on the Performance of Nascent Entrepreneurs: Community Culture, Motivation, Self-Efficacy and Start-up Success." Entrepreneurship & Regional Development 24(9-10): 917-45. https://doi.org/1 0.1080/08985626.2012.742326.

Jue, Juliet and Hyunjin Kim. 2014. "Draw-a-Story Response Characteristics of Young North Korean Defectors." The Arts in Psychotherapy, 41: 504-510.

Jung, Marianne. 2018. "Self-Employment Among North Korean Migrants." Vienna Journal of East Asian Studies 10(1). https://content.sciendo.com/view/journals/vjeas/10/1/ article-p59.xml.

Kim, Jih-Un, and Dong-Jin Jang. 2007. "Aliens among Brothers? The Status and Perception of North Korean Refugees in South Korea." ASIAN PERSPECTIVE 31(2): 18.

Kirzner, Israel M. (1974): Competition and Entrepreneurship, Chicago, IL; London, UK: University of Chicago Press.

Lankov, Andrei. 2006. "Bitter Taste of Paradise: North Korean Refugees in South Korea." Journal of East Asian Studies 6(01): 105-37. https://doi.org/10.1017/S1598240800000059.

Lim, Soonhee, and Seokchang Kim. 2019. "North Korea – 2018 Social and Economic Integration of North Koreans Defectors in South Korea." Seoul: Database Center for North Korean Human Rights.

Marsella Anthony J., Thomas Bornemann, Solvig Ekblad and John Orley, eds. 1994. Amidst Peril and Pain: The Mental Health and Well-Being of the World's Refugees. Washington, DC: American Psychological Association.

Milstein, Tema. 2005. "Transformation Abroad: Sojourning and the Perceived Enhancement of Self-Efficacy." International Journal of Intercultural Relations 29(2): 217-38.

Parker, Simon C., ed. 2009. "Empirical Methods in Entrepreneurship Research." In The Economics of Entrepreneurship, 86-105. Cambridge: Cambridge University Press.

Porter, Matthew, and Nick Haslam. 2005. "Predisplacement and Postdisplacement Factors Associated with Mental Health of Refugees and Internally Displaced Persons: A Meta-Analysis." JAMA: The Journal of the American Medical Association, 294 (September): 602-12. https://doi.org/10.1001/jama.294.5.602.

Rath, Jan, and Robert Kloosterman. 2000. "Outsiders' Business: A Critical Review of Research on Immigrant Entrepreneurship." The International Migration Review, 34(3): 657-81. https://doi.org/10.2307/2675940.

Sanders, Jimy M., & Victor Nee. 1996. Immigrant self-employment: the family as social capital and the value of human capital. American Sociological Review, (61):231-249.

Scherpinski-Lee. 2011. "Die Bedeutung von Emotionen in der

koreanischen Interaktion". Interculture Journal, 10(14):87–108

Schüler, Diana. 2020. "The Influence of Institutions on Entrepreneurship as Occupational Choice: A Study about the Emergence of Young Entrepreneurs in South Korea." Dissertation, Duisburg Essen: Universität Duisburg–Essen.

Schultz, Christian, and Stephan A. Rehder. 2017. Entrepreneurship. Edited by Dieter Wagner, Magnus Müller, and Roya Madani. Stuttgart: W. Kohlhammer.

Shane, Scott, and S. Venkataraman. 2000. "The Promise of Enterpreneurship as a Field of Research." The Academy of Management Review 25(1): 217. https://doi.org/10.2307/259271.

Sohn, Sang–Hee. 2013. "Living in a Consumer Society: Adaptation Experiences of North Korean Youth Defectors in South Korea." Asian and Pacific Migration Journal, 22(1): 109–131.

Van Tubergen, Frank. 2005. "Self–employment of Immigrants: A Cross National Study of 17Western Societies." Social Forces, 84(2): 709–732.

Wang, Bo–Ram, Shieun Yu, Jin–Won Noh, and Young–Dae Kwon. 2014. "Factors Associated with Self–rated Health Among North Korean Defectors Residing in South Korea." MC Public Health, 14: 999.

Welter, Friederike, and Teemu Kautonen. 2005. "Trust, Social Networks and Enterprise Development: Exploring Evidence from East and West Germany." The International Entrepreneurship and Management Journal 1(3): 367–79. https://doi.org/10.1007/s11365–005–2601–9.

Yun, In-Jin. 2001. "North Korean Diaspora – North Korean Defectors Abroad and in South Korea." *Journal of Asian Sociology*, Development and Society, 30(1): 26.

제3장

북한이탈주민의 기업가정신 실천 성공사례 *

김 승 진 ** |

1. 머리말

2020년 3월 통일부 통계에 따르면, 북한이탈주민 3만 3천명으로 남한에서 창업희망자는 지속적인 증가추세로 관심이 증대하고 있다. 2016년 남북하나재단의 통계로 북한이탈주민 창업자는 1,410명으로 추산되며(전수조사, 남북하나재단, 북한이탈주민 정착지원 실태조사, 2016), 이후 창업희망자수는 증가하여 2017년과 2018년 1,900여명, 2019년 2,400여명(남북하나재단, 2019 북한이탈주민 정착실태조사, 모수 28,652명에 대한 표본 3,000명으로 자영업자 인구학적 비율)으로 창업자는 매년 지속적으로 증가하는 추세이다. 구체적 통계는,

* 본 연구는 2018년 중소벤처기업부와 창업진흥원의 지원으로 개발되었음.
** 서강대학교 경영연구소 선임연구원

2015년 975명에서, 2016년은 1,410명, 2017~2018년은 1,900여명, 2019년은 2,400여명으로 전년대비 146% 증가이다.

북한이탈주민의 창업 업종은 대체로 숙박 및 음식업(16.1%)과 도소매 및 소매업(15.1%), 그리고 운수업(11.6%) 등의 순서(전수조사, 남북하나재단, 북한이탈주민 정착지원 실태조사, 2016)로 자영업자 혹은 소상공인으로 80% 이상이 개인사업자이다(중소벤처기업부 실태조사, 2015).

이들의 창업 상당수가 창업에 대한 준비가 부족하거나, 업종에 대한 충분한 이해 없이 유행처럼, 친구따라 창업하는 경향이 있다. 따라서 본 연구에서는 최근 창업에 대한 관심이 높아짐에 따라 북한이탈주민에 적합한 창업모델을 제안하는 방안으로, 창업 성공사례 중심의 심층 인터뷰를 실시하였고, 따라서 창업을 어떻게 준비하여야 하는지와 창업의 노하우에 대한 내용을 정리하여 방향을 제시하고자 한다.

그렇다면, 창업 성공사례 기준을 어떻게 정하여야 하는가? Timmons(1989)의 연구내용 중 북한이탈주민 창업 성공사례 인터뷰 공통점은 다음과 같다. 기업가정신 실천을 위한 스스로의 아이템(기술, 가치창출 혁신성, 운영 노하우 등)으로 초기투자비용을 회수 중이며, 지속적인 3~5년 이상 창업을 유지하고, 매월 안정적인 수익창출에 대체로 만족하여 남한지역 주민과 소통이 원만한 상태이다. 또한 빈봉식, 박정기(2002)의 기존 연구한 내용은 소상공인(자영업자) 창업자 성공요인 중 개인적 특성, 아이템 선정, 창업자금 조달, 경영관리 능력을 성공요인으로 적용하였다.

따라서 본 연구에서는 기존 연구 자료를 바탕으로, 북한이탈주민의 창업 과정에서 창업 성공사례 인터뷰 공통점과 개인적인 특성을 중심으로 연구하였다. 개인적인 특성은 개인의 성별, 연령, 결혼여부, 학력(북한교육 + 남한교육), 입국년도, 부양가족, 재북기간, 제3국 거주 기간 등을 고려하려 조사하였다. 이는 창업의 심리적 배경적 특성으로 창업가의 강한 성취욕구와 책임의식이 성공적 완수에 영향을 미치는 연구에 근거하였다(Naffziger et al., 1994, 김영지, 2019).

사실 개인적인 특성은 각 개인마다 다른 독특한 특성이 있어서, 창업 성공사례도 일률적으로 적용할 수 없다. 그래서 북한이탈주민 창업자의 개인적 특성과 창업 성공사례 인터뷰 공통점을 성공사례 기준으로 연구하였다. 연구방법은 현재 창업중인 북한이탈주민 중에서 선별하여 심층 인터뷰를 실시하였고, 창업자들의 성공요인을 분석하여 제시하였다.

북한이탈주민들은 목숨걸고 탈북하여 꿈에도 그리던 자유 대한민국에 정착하기 위해서는 창업에 실패하면 안되는 절박감이 있는 현실이다. 물론 실패를 통하여 배우고 다시 일어나면 되지만, 북한이탈주민에게는 결코 쉬운 일이 아니며, 또한 초기 실패 확률은 남한 국민들의 창업자보다 높은 것이 현실이다. 그렇다면 누군가가 멘토가 되고 안내자가 되어서 실패 확률을 낮추고, 성공할 수 있도록 구체적인 안내 제시가 필요하다.

본 연구에서 북한이탈주민이 잘 정착할 수 있도록 기여하기를 희망하며. 또한 북한이탈주민의 창업 성공사례 연구는 다수가 있는 것이 사실이나, 개인적인 특성을 연계한 사례연구는 초기 상태이다. 이러한 특성에 따른 창업 성공사례는 향후 북한이탈주민 창업지원과 준비에 방향성을 제시할 수 있을 것이다.

따라서 북한이탈주민 창업지원과 준비, 창업 성공사례 방향성 연구는 북한이탈주민의 완전한 경제적 자립과 사회적 적응을 위한 기업가정신 제고와 성공하는 창업 확산을 위한 목적이다. 또한 북한이탈주민의 창업 성공사례는 일자리 창출과 사회적응력을 높이고, 남한사회에서 북한이탈주민도 성공할 수 있다는 자신감과 도전정신을 높이는 계기가 될 것이다.

2. 북한이탈주민과 기업가정신

1) 북한이탈주민 현황

1990년대 중반 북한이 식량 위기를 겪으면서 증가하기 시작한 북한이탈주민은 1998년도까지 947명에 불과했으나, 그 이후 지속적으로 증가하여 2010년에는 2만 명을 넘어섰으며, 최근에는 김정은 정권의 정치적 폭압과 핵무기 도발로 자초한 국제사회 고립에 따른 경제적 어려움을 견디지 못하고, 한국사회에 유입되어 온 인원이 2020년 3월말(잠정) 33,658명에 이르는 등 북한이탈주민 3만 명 시대에 이르렀다(통일부 공공데이터 포털, 2020.3).

북한이탈주민(North Korean Defectors)이라는 용어는 아직도 남한 사회에서 북한이탈주민에 대한 신분상 지위와 호칭이 정리되지 않아서, '귀순자', '귀순용사', '탈북자', '탈북민', '새터민', '북한이탈주민' 등 다양하게 사용되고 있다. 공식적인 법률적 용어는 '북한이탈주민'으로서 「북한이탈주민의 보호 및 정착 지원에 관한 법률(제12683호, 2014.11.29. 시행)」 제2조 제1호는 '군사 분계선 이북지역(이하 '북한'이라 한다)에 주소, 직계가족, 배우자, 직장 등을 두고 있는 사람으로서 북한을 벗어난 후 외국 국적을 취득하지 아니한 사람'으로 정의하고 있다.

본 연구에서는 공식적인 법률 용어인 '북한이탈주민(North Korean Defectors)'을 사용하고자 한다. 그러나 정작 북한이탈주민들은 이런 호칭보다는 '북향민'이라는 단어를 선호하고 있다. 왜냐하면 남한에서 배타적, 차별의식이 싫어서 여느 고향 출신처럼 드러나지 않기를 바라고 있기 때문이다.

2) 기업가정신이란

기업가정신에 대한 기존 연구는 오랫동안 축적되었다. 내용을 보면, Schumpeter(1934)는 연구에서 기업가정신이란 발전의 본질로서 기존 궤도의 변경이며 그 변화는 연속적이거나 안정적이기 보다도 단속적이면서도 비약적인 것이라고 주장하고 있다. 그래서 기업가정신을 새로운 결합을 일으키는 다섯 가지 방법으로 새로운 재화의 소개, 새로운 생산방법의 도입, 신시장 개척, 원료 혹은 반제품의 새로운 공급원 획득, 새로운 조직의 실현이라고 정의하였다.

Kirzner(1973)는 연구에서 기업가정신은 경제화, 극대화, 효율성 기준이라는 관점에서 분석하였으며, 이러한 요소는 시장 과정에서 존재한다 라고 설명하였다. Drucker(1985)는 기업가정신은 과학도 기술도 아니며 다만 실천이다 고 주장하였다. 이 연구를 이어서 기업가정신은 현재 통제되고 있는 자원에 관계없이 기회를 추구하는 것(Stevenson, Roberts, & Grousbeck, 1989)으로 계승하였다.

Gnyawali & Fogel(1994)은 창업에 영향을 주는 환경요인으로서 정부정책, 사회·경제적 조건, 창업 및 경영 기술, 재무적 지원, 비재무적 지원을 분류하여 설명하였다. Naffziger et al.(1994)은 전체 창업과정에 영향을 주는 요인을 제시하였다. 즉, 창업자 개인 특징, 가족관계와 성별과 같은 창업자 개인적 환경이 책임의식과 성공적 완수 의지에 영향을 미치는 것이라고 설명하였다. 또 창업과정에 영향을 주는 요인은 창업을 통한 개인 목표, 창업에 대한 사회적 인식과 자금획득 용이성과 같은 사업적 환경, 구체적 사업 아이디어 등이 포함된다 (최장호, 2018; 재인용).

Timmons(1989)는 창업을 도모하는 기업가를 4가지 유형으로 나누어 설명하였다. 〈그림 1〉 모델에서, 경영기술 비즈니스 know-how의 보유 수준과 창의성, 혁신성 수준이라는 두 가지 차원으로 기업가를 분류하고 있다. Entrepreneur의 경우 높은 수준의 경영관련 지식을 보유하고 있으며 동시에 높은 수준의 창의성, 혁신을 보이는 기업가로 분류한다. 따라서 Entrepreneur는 경영자와 오너 이상의 기업가정신을 실천하는 창업가이다.

〈그림 1〉 경영자 소유재(오너) 이상의 기업가정신을 실천하는 창업가(Entrepreneur - More than an owner/manager)

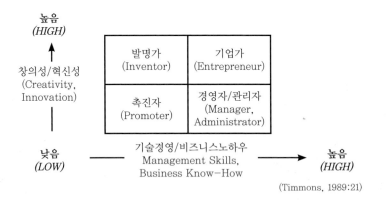

(Timmons, 1989:21)

기존연구에 의한 기업가정신을 정리하면, 새로운 가치창출을 지향하는 태도나 행위로, 아이디어를 구체적으로 실천하는 기회 추구이다. 이를 위해 기업가정신은 혁신성과, 도전정신, 위험 감수성으로 시장과정에서 발전적 기회추구를 실천하는 것으로 정리할 수 있다.

3) 북한이탈주민의 기업가정신

그렇다면 북한이탈주민의 기업가정신은 무엇일까? 윤인진(2000)은 연구에서 '북한이탈주민 자영업자들은 스스로 자본주의적 인간으로 전환하는 과정에서 선도적 역할을 하는 자' 라고 하였다.

김승진·전무경(2017)의 연구에서는 '북한이탈주민의 창업이 활성화되기 위해서는 잠재적 창업자들이 기업가정신으로 무장하고 창업을 결정하고 실천해야 하며, 개인의 창업 의사결정과 행동이 있기 위해서는 창업의지와 창업에 대한 긍정적 태도가 선행되어야 한다' 라고 하였다.

북한이탈주민의 창업의지는 본인의 태도와 경험을 바탕으로 주변 환경과 상호작용을 통해 이루어지고 있다. 왜냐하면, 북한이탈주민들이 북한에 있을 때 장마당에서 장사를 하였거나 제3국에서 창업을 하였던 경험이 있으면 남한에서 창업할 때 본인이 잘 할 수 있는 것을 하려고 하기 때문이다.

북한이탈주민의 기업가정신은 김영지·전철우·이민화·최대석(2018)에서 언급하고 있는 바와 같이, 새로운 가치창출을 지향하는 태도와 행위의 실천이라는 점에서 공통점을 보이고 있으나 북한이탈주민들은 자본주의적 인간으로 전환하는 선도적 역할과 창업을 결정하고 실천하는 도전적 행동으로 기회를 추구하고 있다. 즉, 혁신성과,

도전정신, 위험 감수성으로 시장과정에서 발전적 기회추구를 실천하는 것으로 정리할 수 있는데 북한 사회를 떠나서 남한 사회에서 먼저 온 통일 미래의 주역으로서 향후 통일이후 북한주민과 사회에 자본주의에 관한 긍정적 파급효과를 미칠 수 있는 선도자, 롤 모델, 본보기로서의 '상징성' 및 '역할'이 강조되고 있다(김영지 외, 2018).

3. 북한이탈주민과 창업

1) 창업의 의미

Vesper(1983)는 창업을 자원, 노동, 재료, 자산을 결합하여 이전보다 가치 있는 조직으로 변환시키는 것으로 변화와 혁신, 새로운 질서를 수반한다고 하였다(김상민 외, 2015; 김은경, 2016; 양영석 외, 2012; 홍효석, 2011). Dollinger(2008)는 창업을 위기와 불확실한 상황 속에서 이윤과 발전을 추구하는 경제적이고 혁신적인 조직체의 탄생이라고 하였고, 김민형·이건희(2016)는 사업가의 능력을 보유한 주체가 새로운 사업 아이디어를 가지고 이윤창출을 위해 사업목표를 세우고 적절한 사업기회를 통해 경영자원을 활용하여 재화를 생산하거나 용역 및 서비스를 제공하는 사업체를 설립하는 것이라고 하였다. 또한 Ries(2011)는 닷컴 버블 이후 등장한 스타트업(start-up)이라는 용어를 오늘날에는 독창적인 기술이나 아이디어를 기반으로 비즈니스 모델을 가지고 있는 신생기업을 의미하는 '창업'이나 '벤처기업'으로 번역되어 사용되고 있다고 하였으며, 스타트업 분야에서는 불확실성 가운데 혁신성을 바탕으로 신제품을 생산하는 것을 '창업'이라고 하고 있다.

  법률적 개념 정의는 다음과 같다. 중소기업 창업 지원법 제2조에 창업은 '중소기업을 새로이 설립하는 것'으로 정의한다. 하규수(2012) 연구에서 창업을 하나의 조직을 창조하는 과정이라고 하였으며, 창업은 하나의 조직을 출현시키는 데 있어 개인에 의해 수행되는 과정이고, 존재 그 자체라기보다는 존재가 되기 위한 과정이라는 의미로 해석하였다(박재환 외, 2012; 김은경, 2016).

  이처럼 창업에 대한 의미는 학자들에 따라 그 견해를 조금씩 달리하고 있다. 기존연구의 다양한 연구들을 정리하면, 창업은 하나의 조직을 창조해 가는 과정이며, 가치 있는 어떤 것을 창조해내는 행동으로, 위험과 불확실성 속에서 성장과 이윤을 추구하는 혁신적, 경제적 조직체를 탄생시키는 일련의 과정이라고 할 수 있다.

  그렇다면 기업가정신과 창업은 어떻게 다를까? 창업은 사업의 기초를 세워 회사를 설립하는 일로서 벤처기업(Venture Business)의 설립뿐만 아니라, 새로운 기업을 조직하고 설립하는 일체의 행위이다. 학문적 의미로서는 개인이나 법인이 금전 획득을 목적으로 하는 기업을 새로이 만드는 일로 정의할 수 있다. 창업의 주체자가 이윤 창출과 더불어 사회적 책임을 수행하기 위한 자세나 정신을 갖출 때, 기업가정신이 있다고 말한다. 즉 창업(기업)의 성공 여부는 기업가정신 실천의 차이라고 할 수 있다.

2) 창업성공 요소

  창업은 이윤을 추구하는 혁신적, 경제적 조직체 형성이다. 창업의 주체자가 기업가정신을 실천하는 정도에 따라 창업성공의 차이가 있을 것이다. 이러한 창업성공의 요소는 무엇인가? 기업가정신과 창업에 관한 기존연구의 내용들은 요약하였다. 우선은 창업을 위한 호기심에서 비롯된 기발한 발상을 토대로, 신속한 의사결정과 과감한 추진력, 끊임없는 도전, 기획할 수 있는 수준의 학력과 지속적인 학습, 주변환경과 시장환경 및 사회에 대한 높은 적응력, 고객만족과 고객을 최우선화 할 수 있는 서비스 마인드, 탁월한 스토리 텔링, 선택과 집중, 불경기에 강한 아이템의 지속적 발굴, 시너지 효과 추구 등으로 정리할 수 있다.

Chris Zook, James Allen(2016)의 저서 '창업자 정신(The Founder's Mentality)' 을 참고하여 창업의 성공요소를 설명하고자 한다. 첫째는 반역적 사명의식이다. 자신의 목적이 기존 업계의 규칙을 재정의 하는 것으로 일부는 완전히 새로운 시장을 창출하여 반역적인 사명 의식이 있어야 한다고 한다. 예를 들면 구글은 이 세상의 모든 정보를 관리한다는 사명의식이 있다. 어떻게 이 세상의 모든 정보를 관리한다는 것인가? 도저히 납득이 안되고 용납할 수 없는 부분이다. 그래서 구글은 사명의식을 강화하는 특성으로 대담한 임무(Mission)를 부여하여 경이로운 것을 실행하게 하는 미션를 가지고 있다.

사명의식에서 대담한 임무를 위해서 때로는 비타협성이 필요한데. 이 비타협성은 조직을 차별화하고 독특하게 만들기 위해서는 적당한 선에서 이정도면 되었다고 적당한 선에서 타협하지 않는 것이라고 한다. 대부분의 사업가들이 어느 정도 성공을 하면 경계 밖으로 나가지 않으려는 안일과 안정성을 추구하는 경향이 있다. 그러나 반역적 사명의식은 절대적으로 외부 세계로 나가는 대담한 임무(Mission)를 부여한다.

둘째는 현장 중시이다. 창업자들 대부분은 기업운영의 첫 번째가 세일즈(마케팅) 이거나, 제품 개발자 또는 둘 다 여기에 해당된다. 사실 핵심적인 업무이다. 그러나 Chris Zook & James Allen(2016)의 저서 '창업자 정신(The Founder's Mentality)'의 창업 성공요소에서는 고객을 직접 만나는 일선 현장을 중시하고 있다. 현장에서 일하고, 현장에서 살며, 활동하는 경험을 몸으로 말하고 있다. 현장 중시가 잘되기 위한 특성으로 현장 직원을 중시하며, 각 담당자가 현장에서 바로 실행하고, 현장에서 권한을 가지고 운영 할 수 있도록 해야 한다는 것이다. 이것은 개별 고객을 중요시 하고, 각 개인 고객의 의견을 청취하여 현장에서 고객의 입장에서 임무를 수행할 수 있도록 하기 위함이다.

셋째는 행동지향이다. 일선 현장 담당직원과 본점 등 지원하는 이해관계자 모두가 동일한 선상에서 실행중심으로 혁신을 시도하고, 고객중심으로 행동하는 현장지향의 행동지향이다. 한 예로, 도요타는 공장 생산 시스템의 일선 작업에 초점을 맞추어 현장의 모든 작업자가 어떤 문제를 발견하면 그 즉시, 생산라인 전체를 정지시키고 문제해결 작업을 할 수 있는 권한을 주었다는 것이다.

넷째는 비용 절감이다. 모든 창업과 사업에서 철저한 비용 절감만이 살길이다 는 것은 명제이다. 여기서 직원복지와 비용절감은 전혀 다른 내용으로 이는 비용절감을 위해 직원들이 솔선해야 한다. 왜냐하면 비용절감의 주체적인 행동은 조직원들이 나서야 하기 때문이다.

다섯째는 시대적 감각의 디자인이다. 애플의 스티브 잡스는 제품 내부의 회로기판에 대해서도 단순하고 우아한 디자인을 요구했다. 고객들이 제품 내부의 회로기판에 대해 들여다 볼 것도 아니지만, 모든 것에서 애플의 시대적 감각의 디자인 정책을 보여 주는 것이라고 할 수 있다.

3) 북한이탈주민의 창업과 개인적 특성 관계

북한이탈주민은 북한 사회주의 체제에서 오랜 생활을 해 오다가 대한민국으로 이주하였기에 이주에 대한 적응과정에서 어려움을 호소하고 있다. 사실, 체제가 다른 사회에서 살다가 자본주의 사회에 와서 창업을 한다는 것은 더 쉽지 않고, 경험이 거의 없는 상태에서 창업 성공 요인을 찾는 다는 것은 불편하지만 진실이다.

그러나 온갖 어려움을 극복하고 탈북하여 꿈에 그리던 자유 대한민국에 와서 국적을 획득했다는 그 자체만으로도 기업가정신의 요소가 있다고 말한다. 창업에는 도전정신과 위험감수에 적극성이 필요한데, 북한이탈주민들은 탈북과정에서 경험적으로 이 과정들을 겪었기 때문에 기업가정신의 요소가 있다. 그래서 그러한 삶의 자신감으로 정착 초기에는 강한 도전정신으로 무엇이든 할 수 있다는 의욕이 있다. 북한이탈주민들에게는 정착하기 위해서는 창업에 실패하면 결코 안된다는 절박감도 있는 것이 사실이다.

하지만 창업이라는 복합적·종합적 상황에서 북한이탈주민에게는 또 다른 남한 사회에 적응이라는 환경적, 사회·문화적 요인이 창업과정에 영향을 미치고 있다. 본 연구에서는 북한이탈주민 창업 개인적 특성을 분류하여 분석하였다.

개인적 특성으로 북한이탈주민은 탈북경험을 통한 위험감수성향이 높다. 이는 일반적으로 위험감수성향이 높으면 창업과정에 영향력을 미치지만, 모두에게 적용한다는 것은 무리일 수도 있다. 왜냐하면 각 개인마다 독특한 개인적 특성이 있기 때문이다. 북한이탈주민의 개인적 특성 요소는 "성별, 연령, 결혼여부, 입국연도, 부양가족 수, 재북 사업 경험 유무 및 사업 내용, 학력(북한교육 + 남한교육), 제3국 거주기간, 제3국 창업경험"으로 분류하였다.

본 연구에서 외부 환경 요인은 배제하고 개인적인 특성을 고려한 이유는 북한이탈주민에 창업자에 대해 성공사례 인터뷰를 하면서, 빈봉식, 박정기(2002) 연구의 소상공인과 자영업 창업의 성공요인 중 아이템 선정, 창업자금 조달, 경영관리 능력은 공통적으로 갖춘 상태였다는 연구를 참고 하였다. 따라서 북한이탈주민의 창업과 개인적 특성 관계에서 북한이탈주민의 개인적 특성이 창업의 심리적 배경적 환경으로 창업가의 강한 성취 욕구와 책임의식이 성공적 완수에 영향을 미치는 연구를 근거한다(Naffziger et al., 1994, 김영지, 2019).

본 연구에서 최근 창업에 대한 관심이 높아짐에 따라 북한이탈주민에 적합한 창업모델을 제안하는 방안으로 창업에 성공하였다는 북한이탈주민심층 인터뷰를 통해 사례중심으로 개인적 특성을 파악하였다.

창업 성공사례 기준은 기업가정신 실천을 위한 스스로의 아이템(기술, 가치창출 혁신성, 운영 노하우 등)으로 초기투자 비용을 회수 중이며, 지속적인 3~5년 이상 창업을 유지하고, 매월 안정적인 수익창출에 대체로 만족하여 남한 지역주민과 소통이 원만한 상태이다(Timmons, 1989, 북한이탈주민 창업 성공사례 인터뷰 공통점).

4. 북한이탈주민의 창업 사례연구

북한이탈주민 창업자 및 인터뷰 선정은 서강기업가센터에서 주관한 "2017년 2학기 북한이탈주민 창업자 자문간담회"의 참석자 중에서 4명, 북한이탈주민 동우회 추천 2명을 선발하여 진행하였다. 인터뷰 6명 중 제조업 1명, 유통업 2명, 무역업 1명, 의상 디자인 2명으로 성별은 남성 2명, 여성 4명. 인터뷰는 2018년 11월 20일~12월 5일 진행하였다.

인터뷰에 응한 북한이탈주민들의 가족이 북한에 남아 있는 상태여서 요청에 따라 창업 점포명과 개인의 성명을 익명처리 하였으며, 연구에서는 북한이탈주민의 기업가정신 실천 창업 사례를 심층 인터뷰하여 성공사례 공통점을 분석하여 정리하였다. 따라서 창업 사례 내용은 "업종, 개인적 특성, 창업준비 수준, 창업 아이템 선정 및 시장 환경, 창업이후 성과, 창업성공 요인, 창업실패 요인, 장래의 꿈" 등의 순으로 정리하였다.

1) A 창업사례

A 창업사례의 개인적 특성은 다음과 같다. 성별은 남성, 연령은 29세, 결혼은 여부는 기혼, 2010년에 입국하여 8년차, 부양가족 수는 4명, 재북 사업경험은 없으며, 학력은 북한교육은 고등학교 졸업이고 남한교육은 사이버대학 중퇴, 제3국 거주기간은 1년, 제3국 창업경험은 전무(全無)이다. A 창업사례의 내용은 다음과 같다.

업종은 ○○○ 치킨 점포(프랜차이즈, 유통업), 창업 4년차이고 계속 유지하고 있다. 성격유형은 학생당시에 탈북하여 공부를 하고 싶어서 직장 다니면서 사이버 대학 공부를 하던 중 가족들을 탈북 시키느라 경제적인 문제로 창업을 하게 되었으며(창업이후 가족 5명을 입국 시킴), 창업자의 심리적 성취욕구가 강하다. 인내성향 중심이며, 목표를 달성하고자 하는 성취욕구가 강하고, 높은 위험에도 불구하고 추진력이 좋다.

창업준비 수준은 성공하겠다는 의지에 창업을 자발적으로 시작하였고, 북한에서의 경력 및 경험의 창업과의 연계성은 없다. 자기 자본준비는 처음에 50%, 대출 및 차용 50%이였으나 대출상환으로 30% 정도 남은 상태이다.

창업 아이템 선정 및 시장환경에서 창업 아이템 선정은 부부가 경험한 것을 아이디어로 활용하여 시작하였으며, 치킨 점포를 창업한 이유는 초기 자본이 많지 않아도 되어서 500만원 정도로 시작하였다. 가맹점에서 집 근처에 점포를 허락해서 시작했으나 최근에는 초기보다 시장 환경이 어려워지고 있는 형편이나, 내년 하반기에 새로운 아파트 입주가 있어서 버티고 있다. 2020년에 코로나 19로 배달 영업이 활성화되어 영업환경이 매우 좋다고 한다. 창업이후 성과에서 재무적 성과는 작년까지 만족했으나 올해부터 어려워져서 밤에는 대리운전도 하고 있으며, 부채와 이자 상환하며 버티고 있다. 그러나 2020년에 코로나 19로 배달 영업이 활성화되어 재무적 성과도 좋아졌다.

창업성공 요인은 창업에 도전할 수 있는 기업가정신이 필요하며, 이는 누구나 할 수 있으며, 무엇보다 창업 마인드가 중요하다. 또한 창업이후 끊임없는 자기개발로 장점을 살려야 한다. 그래서 창업에 대한 멘토와 가이드를 해줄 수 있는 교육기관이 필요하다. 자기자본 준비는 80% 이상이 좋다.

창업실패 요인은 북한이탈주민들의 창업자는 남한 창업자보다 더 부지런하고 더 열심으로 해야 한다. 그런 열정이 없으면 실패한다. 자본주의 사회에 대한 적응과 미숙련으로 스스로 마인드 컨트롤하는 부분이 부족하다. 창업은 준비없이 도전하지 않기를 바란다. 장래의 꿈은 프랜차이즈가 아닌 자기 점포의 내가 주인인 100% 출자 소유한 사업을 하고 싶다.

2) B 창업사례

B 창업사례의 개인적 특성은 다음과 같다. 성별은 남성, 연령은 43세, 결혼여부는 기혼, 2006년에 입국하여 13년차, 부양가족 수는 4명, 재북 사업경험은 없으며, 학력은 북한교육은 전문대학 졸업이고 남한교육은 용접 기술 교육수료, 제3국 거주기간은 1년, 제3국 창업경험은 전무(全無)이다. B 창업사례의 내용은 다음과 같다.

업종은 제조업으로 대기업 하청으로 창업 5년차이다. 성격유형은 직원 11명 모두를 북한이탈주민으로 고용하고 있으며, 직원을 북한이탈주민으로 고용한 이유는 힘없는 고향 주민들과 더불어 잘 살고 싶어서 이다. 직원들에게 월 평균 400만 원 이상 급여를 주고 있다. 처음 입사하면 회사에서 기술을 익히게 하여 전문직으로 성장하도록 양성을 하고 있다. 대기업 공사를 주로 하는데 회사에 폐를 끼치는 행위는 용납하지 않고 바로 해고 통지서를 보낸다 한다. 모두 동료의식으로 열정적으로 근무하고 있다.

창업준비 수준은 남한에서 기술직(배관공 용접)으로 8년 근무하면서 사업 자본을 모았으며, 북한이탈주민에게 기술이 매우 필요하다. 이러한 기술 준비없이 시작하는 창업을 반대한다. 오히려 전문적인 기술이 있으면 남한에서 정착하기가 직장인이 더 유리하므로 할 수만 있다면 직장에 더 오래 근무하라고 권한다. 남한에서 사업은 리스크가 너무 크기 때문이다. 창업에서 애로사항으로 하청업체의 부도로 자금 회수가 잘 안되는 부분과, 편견, 무시, 갑질 문화로 피해를 당하고 있다.

창업 아이템 선정 및 시장환경은 본인의 제조업을 공단에 입주하여 사업부지를 충분히 확보하여 시설도 잘되어 있어서 우수하다. 제조업 아이템은 기술직으로 근무하면서 생각했던 배관공 용접기술 중심으로 하고 있다. 현재 제조업의 시장 환경은 그리 나쁘지 않고, 직원들 교육과 서비스 마인드 차원에서 하청 업무 현장에 3개월 정도 파견근무를 시키고 있다고 한다.

창업이후 성과는 꾸준한 성장세로 있어서 대표도 그리 큰 욕심을 내지 않고 있다(2017년 초에는 직원이 5명이나 2018년 6명 채용). 또한 연 매출이 많아져서 개인회사를 법인으로 바꾸었다.

창업성공 요인은 제조업에서 성공하기 위해서는 성실, 기술, 대외 이미지, 납품기일 준수, 대기업에 인정 받는 것 등이다. 경쟁업체보다 가격을 저렴하게 하되, 품질은 우수하게 해야 살아남을 수 있다. 생존을 위한 전략이다. 그 결과 현재 입소문으로 수주를 계속 받고 있다고 한다.

창업실패 요인은 제조업에서 대기업과 거래해야하는 입장이다 보니, 대기업은 인맥(임원 네트웍)으로 대부분 연결되어 북한이탈주민에게는 아직도 문턱이 높다고 한다. 또한 대금 결재를 어음(3개월)으로 하여 자금융통에 어려움이 많고, 가장 어려운 부분은 하청 발주업체의 부도로 대금을 받지 못하는 경우이다.

장래의 꿈은 북한이탈주민들과 함께 더불어 잘 살고 싶다. 그래서 직원의 가족들과 안정된 생활을 하고 싶고, 또 다른 북한이탈주민들을 더 많이 고용해서, 현재의 제조업을 꾸준히 유지하고 싶다. 직원들에게 감사한다.

3) C 창업사례

C 창업사례의 개인적 특성은 다음과 같다. 성별은 여성, 연령은 52세, 결혼여부는 기혼, 2015년에 입국하여 4년차, 부양가족 수는 3명, 재

북 사업경험은 없으며, 학력은 북한교육은 종합대학 졸업이고 남한교육은 자수 및 양장 기술교육 수료, 제3국 거주기간은 없으며, 제3국 창업경험도 전무(全無)이다. C 창업사례의 내용은 다음과 같다.

업종은 의상디자인으로 창업 2년차이다. 성격유형은 북한에서 자수에 정통한 경험을 바탕으로 창업을 시작했다. 본인의 순수한 마음이 남한에서는 잘 통하지 않으며 마음에 상처를 받았다. 의상디자인 창업은 상가에서 장사겸 의상 디자인을 직접 제작하고 있다. 본인의 경험을 바탕으로 하고 있지만 부족한 부분이 많아서 아직도 배우면서 일하고 있다.

창업준비 수준은 북한에서 배운 것이 도움이 많이 되고 있다. 오직 스스로 자립갱생만이 살길이어서 스스로 노력하고 있다. 창업시 40%만 자기 자본이고 대출로 창업을 시작하였다.

창업 아이템 선정 및 시장환경은 북한에서 배운 것이 도움이 되어 시작했으며, 남한에서 만난 지인들이 예술적 감각이 있으니 반드시 반드시 성공할것이라는 격려와 주변의 도움으로 서울의 한 복판 상가에서 창업을 시작했다. 점포의 내·외부 시설 상태는 청결하며, 시설의 분위기도 있고, 자력갱생을 위한 열심으로 일하고 있다. 국가 전체적인 불황으로 시장 상황이 어려워져서 장사가 안 되고 있었으나, 생활미술에 대한 탁월한 본인의 특기와 재능으로 수강생들이 점점 늘어서 현상유지 이상을 하고 있다.

창업이후 성과에서 초기에는 재무적인 지표 상태는 수익 창출에 어려움 있었다. 주변의 도움과 마케팅 활용으로 디자인은 인정받고 있으나 국가 전체적인 불황으로 어려움을 호소하고 있다. 그러나 생활미술에 대한 탁월한 본인의 특기와 재능으로 수강생들이 점점 늘어서 현상유지 이상을 하고 있다. 2020년의 코로나 19의 어려운 상황에서도 점포를 2배로 늘렸다. 마케팅 능력과 주변의 인정으로 문하생이 많아졌기 때문이다.

창업성공 요인은 북한이탈주민들이 창업을 할 때는 자금준비가 제일 중요하며, 5년 정도 준비해서 적응과 시장 상황을 이해할 수준이 되어야 하고 창업성공을 위하여 자금준비는 완벽할수록 좋다. 남한에 인맥과 금융거래가 어렵기 때문이다. 추가적으로 창업성공 요인에 Network 관계 형성과 본인의 기술과 재능으로 사업 아이템에 능숙해야 하고, 꼭 성공하겠다는 강인한 의지와 적극적인 자세와 항상 배우겠다는 배움의 자세는 필수 요소이다.

창업실패 요인은 인간관계 형성 미비와 인간관계에서 고객의 마음을 얻지 못하는 것이다. 사람을 만나기 위한 인맥, Network이 없는 것도 실패 요인이지만, 형성되어 있는 인간관계와 찾아오는 고객의 마음을 얻지 못한다면 한국에서 정착은 더 힘들어 질 것이다. 사람이 자산이다. 장래의 꿈은 평양 자수의 전문성을 활용하여 남한의 자수와 생활 예술을 접목하고, 그래서 한국의 전통 고유의 자수문화로 이어가고 싶다.

4) D 창업사례

D 창업사례의 개인적 특성은 다음과 같다. 성별은 여성, 연령은 56세, 결혼여부는 기혼, 2015년에 입국하여 4년차, 부양가족 수는 2명, 재북 사업경험은 있으며, 학력은 북한교육은 전문대학 졸업, 남한교육은 사이버 대학 재학 중이며, 제3국 거주기간은 8년, 제3국에서 창업 경험이 있다. D 창업사례의 내용은 다음과 같다.

업종은 무역업(중국과 무역거래)으로 창업 2년차이다. 성격유형은 도전정신과 성취 욕구가 강하고, 국제무역이라는 Risk가 있음에도 불구하고 추진력있게 사업을 하고 있다. 무역에 대한 모르는 부분과 인맥을 위하여 사이버 대학을 다니면서 공부하는 열정적 노력파, 여성 Leader 유형이다. 배고파서 탈북하여 중국에 8년을 체류하여 중국어를 잘한다. 제3국, 중국에서 사진관을 경영하여 돈을 벌었으며, 건축자재 거래사업도 하였다고 한다.

창업준비 수준은 직장 다니면서 저축을 하여 창업자금을 준비하였고, 중국과의 무역 거래를 위하여 중국 체류 기간중 쌓았던 인맥과 Network을 활용할 것이다. 중국어에 능통하여 중국인들과 무역거래에 불편이 없는 수준이다.

창업 아이템 선정 및 시장환경은 중국의 상황을 알고 있어서 중국에 필요한 아이템을 선정하였고, 현재 무역 시장 환경도 나쁘지 않은 상태이다. 그러나 코로나 19로 인하여 완전 거래중지 상태이다. 오직 인터넷을 이용하여 시장조사를 하고 있다. 창업이후 성과에서 지금은 초기단계이나 시작은 좋았으며, 창업이후 자리를 잡으면, 한국과 중국에 물류 거점 사업을 만들어서 좀더 크게할 예정이다.

창업성공 요인은 신뢰, 신용이 제일 중요하고, 인맥과 정보력이 필요하다. 무역거래는 더욱 그렇다. 또한 자기 전문분야에서 자기 일을 할 수 있는 능력, 기술이 있어야 하고, 인간관계를 잘해야 하지만 사람을 볼 줄 알아야 한다. 무역거래의 성공요소는 Detail에 있다.

창업실패 요인은 시장상황 판단 능력이 부족할 때, 정보에 약할 때, 자금 준비 없이 대출로 시작할 때. 상대방과의 거래에서 신용을 잃었을 때이다. 장래의 꿈은 한국과 중국에 물류 거점사업을 추진하고 싶다. 이후에는 음악활동 연주 및 음악 지휘자를 하고 싶다.

5) E 창업사례

E 창업사례의 개인적 특성은 다음과 같다. 성별은 여성, 연령은 59세, 결혼여부는 기혼, 2004년에 입국하여 14년차, 부양가족 수는 3명, 재북 사업경험은 있으며, 학력은 북한교육은 전문대학 졸업이고 남한교육은 한복 기술 교육과정 수료, 제3국 거주기간은 1년, 제3국 창업경험은 전무(全無)이다. E 창업사례의 내용은 다음과 같다.

업종은 의상디자인으로 한복 재단 및 한복 디자인 창업 8년차이다. 성격유형은 차분한 성격으로 여성 특유의 셈세함과 내향적이다. 북한에서부터 배웠던 양장 및 재봉 디자인에 관한 지식이 남한에서도 유용하였고, 종로 한복업계에서 인정받고 있다. 내성적이지만 승부근성 강하고 책임감이 강하다. 북한의 옷 공장에서도 양장 및 재봉 디자인 부분은 인정을 받았다고 한다.

창업준비 수준은 남한에서 필요한 재단 디자인 기술을 배워서 취업을 했고, 직장생활하면서 자금을 준비하였다. 그러나 직장생활에서 일을 해도 충분한 급여를 받지 못하여 남한 사람들에게 이용을 당한 경험이 있었으나 결국은 끝까지 버티고 인내하여 인정받았다 고 한다. 창업준비는 기술과 자금 준비가 되면 창업을 할 수 있다.

창업 아이템 선정 및 시장환경은 북한에서 배웠던 기술과 4년 동안의 직장생활에서 연결된 인맥을 활용하여 창업에는 어려움이 없었다. 창업 초기에는 시장환경이 좋았으나, 국가의 전체적인 불황으로 시장 상황이 어려워지면서 한복의상 분야도 최근 어려워지고 있다. 코로나 19 이후는 최악의 상황이라 한다.

창업이후 성과는 창업 초반에 돈을 벌었으며, 꾸준한 일거리로 일하고 있다. 그동안 딸과 아들을 출가 시켰고, 욕심 없이 살고 있으며 현상 유지를 기대하고 있다.

창업성공 요인은 근면하고, 성실하며, 자금준비가 되어야 창업할 수 있고, 기술이 없으면 창업에 메리트가 없다. 거래처와 정보를 교환할 수 있는 인맥 형성이 필요하다.

창업실패 요인은 부지런하지 못하고 성공하겠다는 강인한 의지가 없는 게으름이다. 끊임없는 노력으로 꾸준히 공부하지 않으면 안된다. 또 창업실패 요인은 끝까지 인내하지 않고 중도 포기하는 것이다. 장래의 꿈은 건강이 허락된다면 80세까지 이일을 계속하고 싶다.

6) F 창업사례

F 창업사례의 개인적 특성은 다음과 같다. 성별은 여성, 연령은 43세, 결혼여부는 기혼이고, 2003년에 입국하여 15년차, 부양가족 수는 4명, 재북 사업경험은 있으며, 학력은 북한교육은 종합대학 졸업, 남한교육은 미용기술 교육수료, 제3국 거주기간은 1년, 제3국 창업경험은 전무(全無)이다. F 창업사례의 내용은 다음과 같다.

업종은 체인점 마트(유통업)이고, 창업은 8년차이다. 성격유형은 북한에서 장사한 경험이 도움이 되었으며, 5년 동안 동네 마트(슈퍼)를 운영한 경험이 있다. 그 동안 사업하면서 다운계약서, 사기 등 어려움을 극복하느라 쉽지 않았지만 잘 견뎠다고 생각한다. 적응하고 살기 위해서 몸부림 쳤으며, 강인한 정신력과 고객, 대인관계에서 유머와 고객을 향한 서비스 마인드가 없으면 유통업은 성공하기 쉽지 않다. 남편도 북한이탈주민으로서 기술직으로 직장생활을 하고 있어서 형편이 어렵지 않아서 두 자녀를 호주로 유학 보내고 있다.

창업준비 수준은 미장원에서 직원으로 일하는데 남편이 마트(슈퍼)

하자고 해서 자기일을 하고 싶어서 시작을 했다. 북한에서 장사한 경험이 도움이 되었고, 동네 마트부터 운영하여, 이제는 마트 창업 8년차 여서 어느 정도 경력과 이력이 생겼다. 자기자본은 50% 정도이고, 나머지는 대출 받아서 시작하였다.

창업 아이템 선정 및 시장환경은 마트 주변이 아파트로 상권으로 손님이 많은 편이다. 체인점 마트로 시설은 깨끗하고 양호하다. 자기사업으로 적성에 맞아서 경영하고 있으며, 금년에 최저시급이 올라서 알바생을 줄이고 본인이 오후 및 야간 업무를 하고 있는 상황이다.

창업이후 성과는 마트 창업이후 돈을 벌었으며, 2018년부터 최저시급제 실시하여 월 80만원이 추가 소요되어 본인이 더 일을 하고 있는 형편이다. 월 매출이 많아도 35%는 본사에서 챙기고 인건비. 임대료 내고 나면 남 좋은 일 하는 것 같으나 그래도 할 만하다. 5년 동안 3일 쉬었을 정도로 정말 피눈물 나는 노력으로 일하고 있다. 쉬운 일은 하나도 없다.

창업성공 요인은 매출대비 비용을 줄여야 살아남을 수 있기에 영업이 잘 안되어 자금 형편이 좋지않을 때는 남편이 막노동 2년을 할 정도로 강인한 생활력이 필요하다. 자립정신이 매우 중요하다. 5년 동안 3일 쉬었을 정도로 끝까지 포기하지 말고 도전하는 것이다. 일이 잘될 때까지 강인한 불굴의 정신으로 피눈물 나는 노력을 해야한다.

창업실패 요인은 북한이탈주민들은 서비스 마인드가 부족하여 서비스 분야에 취약한 것이 현실이다. 그래서 유통 창업에서도 쉽게 포기하고 절망하는 마음이 실패한다. 도전정신과 의욕은 좋은데 준비 없이 시작하는 것은 쉽게 지치게 하는 요인이다. 장래의 꿈은 자녀들이 성공적으로 유학을 잘 마치고, 프랜차이즈가 아닌 자기 점포의 내가 주인인 100% 출자 소유한 사업을 하고 싶다.

7) 북한이탈주민의 창업사례를 통한 성공요인

상기 창업사례의 개인적 특성 요소를 정리하면 다음과 같다. 남성 2명, 여성 4명, 평균 연령은 47세, 결혼여부는 모두 기혼, 입국연차는 평균 9.6년차 이상, 부양가족 수는 3.3명, 재북 사업경험에서 경험자 3명, 무경험자 3명, 학력은 북한교육에서 고등학교 졸업 1명, 전문대학 졸업 3명, 종합대학 졸업 2명, 남한교육에서 사이버대학 졸업 2명, 기술교육과정 수료 4명, 제3국 거주기간은 1명은 없으며 5명은 1년 이상, 제3국 창업경험은 경험자 1명이고 경험 전무(全無)가 5명이다.

창업에는 남녀의 성별 구분이 되지 않았으며, 북한이탈주민의 입국자 성비에 따라 여성 창업자가 많았다. 사업규모나 활동성에도 남녀의 성별이 구분되지 않았다. 창업 인터뷰 대상자 모두 기혼자로 가족부양자가 많을수록 생활력이 강하고, 정서적으로 유대감과 안정성이 있어서 가족에 대한 책임감으로 적응력과 성공에 대한 의지가 강했다.

창업을 위해서는 남한사회에서 적응기간이 최소 5년 정도는 되어야 하고, 창업 전에 남한에서의 직장생활은 적응기간과 함께 창업 자금 준비와 아이템 등 실질적 도움이 되고 있었다. 학력이 높을수록 창업에서도 능력을 인정받고 있으며, 창업 도중에도 지속적으로 배움에 대한 열망이 강한자들이 성공 의지가 높았다. 또 남한에서 기술교육은 기본으로 배워야 하며, 대체로 대학교육을 선호하고 가고 싶어했다.

북한의 장마당 시장에서 사업 경험이나 제3국의 사업 경험은 남한에서 창업에 유리하게 작용했으며, 대부분 입국이후 기술교육과 직장을 통하여 창업과 연결되고 있었다.

상기 창업사례의 내용을 분석하면 다음과 같다. 업종은 제조업 1명, 유통업 2명, 무역업 1명, 의상 디자인 2명으로 창업 평균 4.8년차이다. 성격유형은 강인한 정신력으로 끝까지 견디고 있었으며(인내성향 6명), 목표를 달성하고자 하는 창업자의 도전정신과 성취욕구 승부 근성이 강했다(6명). 성취욕으로 배움의 열망이 높고 노력형으로(6명), 자존심과 자부심 매우 강하고(6명), 책임감 강함이(5명), 유머와 리더 스타일 유형으로(4명), 높은 위험에도 불구하고 추진력이 좋고(3명), 전문성(직)에 대한 자부심 강하고(3명), 남한에서 이용당한 것에 분노하며(3명), 서비스 마인드가 있어서 직원들에게 교육도 하고(2명), 북한이탈주민에 대한 연민과 사랑으로 고용(급여 400만원) 및 기술 전문직으로 양성하고 있으며, 국제무역에서도 경영능력을 인정받고 있으며, 차분한 내성적 성격에 자기 사업에 맞는 섬세함과 내향적인 성격으로 정리할 수 있다.

창업준비 수준은 아래의 〈표 1〉 북한이탈주민 창업준비 수준 응답 결과를 참조한다. 창업에서 가장 중요한 자금준비 부분에서 자기자본 50% 이하와 직장생활 등을 통해 자금을 준비한 수준 70%이상, 대출(부채) 50% 이상 및 대출(부채) 50% 이하로 구분하였다. 기술 준비에서는 응답자 기준으로 용접 전문직, 디자인 기술, 미용기술을 보유하고 있다. 기타 부문은 창업 반대와 직장과 창업과정에서 이용당했다는 내용으로 창업 반대 이유는 창업 리스크로 실패 가능성이 매우 높음과 남한의 갑질 문화, 차별, 무시, 배제, 이용당한 경험이 있다는 내용이다.

창업 아이템 선정 및 시장환경에서 창업 아이템 선정은 북한의 직장과 장사경험 연계 2명, 제3국 창업경험 2명, 남한 직장생활에서 창업 연결이 2명이다. 시장 환경은 매우 어려움이 3명, 보통 1명, 좋아지고 있음이 2명이다.

창업이후 성과에서 폐업예정은 없으며, 버티고 있다(2명). 나쁘지 않다(2명). 좋아지고 있다(1명). 고용증가 등 경영상태 좋음이 1명이다.

창업성공 요인에서 창업 자금 준비는 스스로 할 수 있도록 창업관련 업무도 배우면서 돈을 모아야 스스로 자립적으로 할 수 있다는 것이다. 그래서 창업을 하려면 해당분야에서 3년은 준비하고 배워야(전문직 공부) 성공 가능하다. 창업시 자금 준비 부족시 정부 정책 자금을 사업의 규모에 따라 차등 지원하는 제도를 활용한다. 창업이후 경영에 있어서 남한 출신 배우자의 도움을 받으면, 서비스나 네트워크, 세금, 대정부 관련 문제 등 사업에서 일어날 수 있는 모든 상황에 유연하게 대처 할 수 있다. 창업이후 생산성을 위한 팀워크와 직원관리가 중요하며, 이는 다 같이 살기 위한 방법으로 생산성이 좋아진다. 자본주의 사회의 시장 경쟁에서 생존 방법은 단골고객 확보에 있다.

〈표 1〉 북한이탈주민 창업준비 수준 응답 결과

구분	내용		비고
북한에서 장사경험 및 직장생활	연계있음(도움됨)	4명	
	창업과 관련 없음	2명	
자금준비	자기자본 50% 이하	4명	
	직장생활로 준비 70%	2명	
	대출 50% 이상	4명	
	대출 50% 이하	2명	
기술	용접전문직	1명	
	디자인 기술	2명	
	미용기술	1명	
기타	창업반대	1명	창업 반대이유는 창업 리스크로 실패가능성이 매우 높음. 남한에서 갑질 문화와 차별, 무시, 배제, 이용당한 경험 있음
	이용당했음	3명	

그래서 경쟁업체보다 가격을 저렴하게 하고, 품질은 우수하게 하여야 북한이탈주민에 대한 편견을 이기면서 거래처를 꾸준히 확보할 수 있다. 그것이 좋은 반응으로 지속할 수 있는 방법이다. 남한에서 생존은 어느 분야이든 전문성 있는 기술이 필요하기에 창업 이전에 먼저 사업 관련 기술이나 전문성을 습득해야 할 필요가 있다. 이는 창업은 실패할 확률이 높기 때문이다. 성실, 기술, 대외 이미지, 납품기일 준수, 고객(납품업체)에게 인정받는 것도 중요하다. 근면 성실하게 성공하겠다는 강한 의지와 열성, 열정이 필요하며, 끊임없는 마케팅과 노력, 공부하지 않으면 시대에 뒤떨어지기에 열심히 공부할 필요가 있다.

창업실패 요인에서 북한이탈주민들이 스스로 할 수 있도록 해야 하며, 정책적 지원이나 자금 등을 무조건적으로 지원하는 정책을 지양하기를 바라고 있다. 이유는 무조건적인 정부지원이 독립심을 저해하고 있기 때문이다. 남한의 정착생활 창업에서도 편견으로 인한 무시는 기본이고 갑질 문화로 피해가 많다. 거래하던 하청업자의 부도로 자금회수가 안되어 창업이후 운영자금이나 경영자금 부족으로 애로사항이 많았다. 사업경영상의 남한의 자본주의 시장경제의 복잡한 구조로 유혹에 사기당하는 경우가 있다. 창업시 금전적 지원 어려움으로 사채를 사용하여 이자 부담이 커서 초기정착에 어려움으로 실패할 수 있다. 자기자본 대비 부채가 크면 돈을 벌어도 이자 갚느라 힘든 경우가 자기자본 30%, 대출 70% 구조로 창업이후 경영에 실패 가능성 높다. 그래서 자기자본 50%이상 준비 없는 창업은 리스크가 높다.

장래의 꿈은 프랜차이즈 아닌 자기사업을 하고 싶다(2명). 북한이탈주민을 돕는 중소기업 운영하겠다(1명). 전문직 자기사업 운영하겠다(2명). 물류 거점사업 및 음악가 활동이 1명이다.

5. 맺음말

북한이탈주민들은 한국사회 적응과정에서 경제적 자립을 통한 안정적인 정착과 삶의 질 향상을 기대하고 있다. 정부는 1993년 귀순북한 동포법 제정 이전까지는 체제선전 차원에서 국가유공자로 대우하여 많은 금액의 보상금과 정착금을 지원하였으나, 1990년대 중반 북한이 식량 위기를 겪으면서 증가하기 시작한 북한이탈주민을 생활보호대상자로 전환하고 정착금과 지원규모를 대폭 축소하였다. 이로 인해 북한이탈주민들이 남한사회에 안정적인 정착을 하기 위해서는 무엇보다 경제적 자립이 요구된다.

북한이탈주민들이 남한에서 사회의 일원으로 자리매김하면서 저성장과 경기침체로 변상근 칼럼(조세일보, 2016.1.6), "구조개혁, '병신'(丙申) 되면 못 가리"에서 5대 절벽(① 재정지출이 줄어들면서 나타날 '재정절벽', ② 소비활성화 대책의 종료에 따른 '소비절벽', ③ 정년연장으로 청년 취업난이 가중될 '고용절벽', ④ 쓸 만한 정책카드가 바닥난 '정책절벽', ⑤ 2016년을 기준으로 생산가능 인구가 정점을 찍는 '인구절벽'을 말함)의 문제점으로 소위 '코리아 리스크'를 해결하는 동력으로서 미래 통일시대에 유용한 역할을 기대하기 위해서는 북한이탈주민들의 경제적 자립을 위한 창업활동 지원을 위한 관점에서 정책방안을 정립해야 한다고 제시하였다.

본 연구에서 북한이탈주민의 창업자 성공사례 인터뷰를 통하여 개인적 특성에 기인한 성공요인 분석을 통해 성공적인 창업 방향성을 제시하였다. 북한이탈주민 창업자들이 대한민국에서 정착하기 위해서는 창업에 실패하면 결코 안 된다는 절박감이 있다. 물론 실패를 통하여 배우고 다시 일어나면 되지만 북한이탈주민들에게는 결코 쉽지 않은 일이다. 그러나 오뚜기처럼 다시 일어나야 한다.

남녀의 성별은 사업규모나 활동성에 구분되지 않았고, 기혼자로 가족부양자가 많을수록 생활력이 강하고 정서적으로 유대감과 안정성, 책임감이 강한 것으로 나타났다. 남한사회의 적응기간은 최소 5년 정도이며, 직장생활은 적응기간과 함께 창업 자금 준비와 아이템 등 실질적 도움이 되었다. 또 학력이 높을수록 창업에서도 능력을 인정받고 있으며, 남한에서 기술교육은 창업의 기본으로 전문성과 함께 유익했다. 북한에서 사업 경험이나 제3국의 사업 경험은 창업에 유리했으며, 잘 할 수 있는 자심감으로 연결되었다. 특히 성공하겠다는 강한 의지와 책임감 및 열정은 강인한 정신력으로 인내성향이 강한 자가 목표를 달성하는 것으로 나타났다.

또한 초기 실패확률은 남한주민의 사업자 보다 높은 것이 현실이다. 그렇다면 누군가가 멘토가 되고 안내자가 되어서 실패하지 않고 성공할 수 있도록 구체적인 가이드 제시가 필요하다.

이는 역으로 창업실패에 대한 간접 정보 제시가 가능함을 알 수 있다. 성공 창업자들의 벤치마킹을 통해 이들의 노하우를 습득할 수 있으며, 자신감 및 자존감 확대의 계기가 되고 결국 창업의 가능성 확대에 기여할 수 있다. 이는 향후 북한이탈주민에게 적합 창업모델 개발을 통해 통일시대를 대비하는 계기가 될 것으로 기대한다.

오늘날 북한이탈주민에 대한 지원제도는 북한이탈주민 1,000여 명에 불과한 시기에 만들어진 정책으로 북한이탈주민 3만 명 시대, 나아가 통일시대에 대응하는 데는 분명 한계가 있다. 본 연구 결과는 북한이탈주민 3만 명 시대에 북한이탈주민에 대한 자립과 정착이라는 정부정책을 마련하여 시행하는 데 활용될 수 있으며, 남한사회의 안정적인 정착을 위한 사회적응력 증진과 경제적 자립을 위한 창업활동 지원에 도움이 될 수 있다.

본 연구가 갖는 시사점으로 다음과 같다. 실증적 심화 인터뷰를 통한 북한이탈주민 창업자의 개인적 특성은 창업의도와 성공사례의 공통적으로 영향을 미치는 요인을 규명했다는 점에서 의미가 있다. 따라서 창업 활성화를 지원하기 위하여 다음과 같이 정책 방향을 제언한다.

북한이탈주민이 남한사회에서 경험하는 편견과 차별, 문화적 적응에 대한 문제는 매우 심각하다. 그중 가장 대표적인 문제가 경제적 어려움으로 북한이탈주민들이 남한사회에 안정적인 정착을 위한 정부의 창업 지원정책은 미미한 실정이다. 따라서 미래 통일시대에 중요한 역할을 담당할 북한이탈주민들이 경제적 자립을 할 수 있도록 김영환(2015)이 제시한 '창업 준비 → 실행 및 사업화 → 성장 → 실패 및 재도전 → 제도의 보완'의 전 과정에 대한 체계적인 창업프로그램을 개발하고, 이를 지원할 수 있는 정책 마련이 필요하다.

창업자 개인적 특성은 창업의도에 영향을 미친다는 점을 고려하여 북한이탈주민의 남한사회 적응과 경제적 안정에 실질적으로 도움이 될 수 있는 창업자 자금지원, 창업대출, 세제 지원 등의 구체적인 지원방안의 마련이 필요하다.

본 연구의 한계점 및 향후 연구방향은 다음과 같다. 북한이탈주민 창업 사례 표본이 적어서 북한이탈주민을 일반화하는데 한계가 있었다. 향후 이를 확장하여 다양한 계층의 창업자 북한이탈주민을 대상으로 추가적인 연구를 진행하여 더욱 정교한 연구가 될 수 있도록 제안한다.

북한이탈주민의 창업의도에 미치는 영향요인으로 창업자 개인적 특성을 중심으로 실시한 소수의 심층 인터뷰는 일정한 한계가 있다. 따라서 기업가정신을 바탕으로 한 다양한 측정 도구를 활용하여, 또 외부환경 요인의 창업교육, 창업지원 정책, 멘토, 창업 보육센터, 실무교육, 시장진입장벽의 장애요인 등의 추가적인 연구가 수행된다면 보다 폭넓은 연구가 될 것이다.

창업의도에 영향을 미치는 개별요인의 측정 도구를 정태적 분석방법으로 접근함에 있어서 일정한 한계가 있었다. 따라서 창업교육을 이수한 북한이탈주민을 대상으로 하여 동태적 분석 방법으로 창업의도를 규명할 필요가 있음을 제시한다.

참고문헌

남북하나재단. 2016. 2015 북한이탈주민 정착실태조사. 남북하나재단.

남북하나재단. 2017. 2016 북한이탈주민 정착실태조사. 남북하나재단.

남북하나재단. 2020. 2019 북한이탈주민 정착실태조사. 남북하나재단.

변상근 칼럼. 조세일보. 2016.1.6. 구조개혁. '병신'(丙申) 되면 못 가리
http://www.joseilbo.co.kr/news/htmls/2016/01/20160106
282946.html

북한이탈주민의 보호 및 정착 지원에 관한 법률(제12683호, 2014.11.29.
시행).

중소벤처기업부 실태조사. 2015. 중소기업창업 지원법 제2조.

통일부. 2020. 2020.3 공공데이터 포털(data.go.kr).

김민형·이건희. 2016. 창업의 개념적 진화와 새로운 성장동력: 사내 창업
을 중심으로. 전문경영인연구. 19(1). 263-290.

김상민·김현근·안성익. 2015. 재무자원이 부족한 벤처기업의 우수인재
확보 및 유지 방안에 관한 연구. 한국비즈니스리뷰. 8(3). 57-75.

김승진·전무경. 2017. 북한이탈 청년 및 대학생의 기업가정신과 창업 방
향성 연구. 전문경영인연구. 20(1). 105-127.

김영지·전철우·이민화·최대석. 2018. 북한이탈주민 전철우의 기업가정
신과 (주)고향FS 창업전략의 특성에 대한 탐색적 사례연구. 21(1).
83-107.

김영지. 2019. 북한이탈주민 창업성공과정 연구. 이화여자대학교 대학원
박사학위논문. 30.

김영환. 2015. 창업지원 코워킹스페이스 현황 및 활성화를 위한 정책 과
제. 과학기술정책연구원. STEPI Insight. 164. 1-34.

김은경. 2016. 개인적 경력지향성과 노후준비도가 창업의도에 미치는 영
향: 사회적 네트워크의 매개효과를 중심으로. 호서대학교 벤처대
학원 박사학위논문.

박재환·박명수·김대엽. 2012. 창업정책 현황과 창업생태계 관점에서의 청년창업 활성화 방안, 한국벤처창업학회 학술대회 논문집. 132-144.

빈봉식·박정기. 2002. 소상공인 창업의 성공요인에 관한 실증적 연구. 중소기업연구. 24(3). 135-158.

양영석·최종인·황보윤. 2012. 질 좋은 창업의 개념 정립과 창업교육 중심의 질 좋은 창업육성시스템 구축방안 연구. 벤처창업연구. 7(2). 141-150.

윤인진. 2000. 탈북자의 자립정착을 위한 자조모델: 자영업 기반형성을 중심으로. 아세아연구. 43(2).

최장호. 2018. 서강기업가정신 모델 개발 기초 연구. 서강기업가정신센터.

하규수. 2012. 사업에 대한 태도와 실패에 대한 두려움이 창업의욕에 미치는 영향. 기업경영연구. 19(5). 59-74.

홍효석. 2011. 창업자 특성과 사업기회 발견. 2011년 한국국제회계학회 춘계 학술발표논문집. 731-744.

Chris Zook, James Allen. 2016. The Founder's Mentality. 창업자 정신. 역자: 안진환. 출판: 한국경제신문사. 2016.

Dollinger, M. J. 2008. Entrepreneurship: Strategies and resources. Marsh Publications.

Drucker, P. F. 1985. Innovation and Entrepreneurship: Practices and Principles, The Journal of Continuing Higher Education. 34(1). 22-33.

Gnyawali, D. & Fogel, D., 1994. Environments for entrepreneurship development: Key dimensions and research implications. Entrepreneurship: Theory & Practice. Vol. 18. No. 4. 43-62.

Kirzner, I. M. 1973. Competition and Entrepreneurship. Chicago. University of Chicago Press.

Naffziger, D. W., Hornsby, J. S., & Kurtako, D. F., 1994. A

proposed research model of entrepreneurial motivation. Entrepreneurship Theory and Practice, 18(3). 29-42.

Ries, E. 2011. The Lean startup: How Today's Entrepreneurs Use Continuous Innovation to create Radically. Successful Businesses. Crown Publishing.

Schumpeter, J. 1934. A. The theory of economic development. MA, Harvard University Press.

Stevenson, H. H., M. J. Roberts, & H. I. Grousbeck. 1989. New business ventures and the entrepreneur. Homewood. IL, Irwin.

Timmons, J. 1989. The Emtrepreneurial Mind. MA, Brick House Publishing Co.

Vesper, K. H. 1983. Three Faces of Corporate Entrepreneurship: 138 A Pilot Study. Seattle: Unversity of Washington.

제4장

편의점 창업에서 본
북한이탈주민 경제자립

승 비[*]

1. 머리말

통일부에 따르면, 2020년 9월 기준으로 대한민국에 거주하는 북한이탈주민은 3만 3천명을 넘어섰다(통일부, 2020). 그동안 북한이탈주민사회가 형성된 이래 북한이탈주민 사회정착을 위한 연구와 제안들이 다각적 측면에서 도출되었고 「정착지원에 관한법률」이 개정되어 시행되었다. 북한이탈주민 사회정착의 중요한 요소는 경제자립이며, 경제자립을 위해서는 경제활동참여가 중요한 문제이다.

즉, 경제자립을 하지 못하면 삶의 만족을 현실화 할 수 없다는 것이다. 삶의 만족은 안정된 사회정착의 결실로 나타나게 되며, 자신감을

* 본 연구자는 2019년 경희대학교 경제학박사학위를 취득하고 현재 보훈복지의료공단 보훈교육연구원 연구부에 재직 중이며, 서울기독대학교 사회복지정책 전공 박사과정을 수료하였다.

가지고 사회의 일원으로 살아가는데 기여를 하게 된다. 경제활동참여를 통하여 경제수익을 창출하고, 경제자립기반을 만들어가는 것은 북한이탈주민의 사회적 편견을 극복하고 성공적인 사회정착을 위한 방향이라고 볼 수 있다.

북한이탈주민의 사회적응에서 중요한 경제활동참여 및 경제자립과 관련한 연구들이 다수 진행되어왔다. 특히 경제적 적응은 사회적응의 기본이며 출발점이기 때문에 경제활동을 통한 생계를 보장하는 것이 중요한 문제이다(배영준, 2011; 조민혜, 2012; 윤승비, 2015). 경제활동은 취업과 연계되어 있으나 북한이탈주민은 사회적 인식과 편견 때문에 취업에 어려움이 있으며, 취업을 하더라도 취업현장에서 차별과 무시를 당하는 등(박선민, 2010), 고용형태에 따라 불안정성과 직장을 유지하는데 어려움이 있다(최형만, 2013). 취업현장에서 받고 있는 사회적 인식과 편견은 북한이탈주민의 적극적인 경제활동을 저해하는 요인으로 작용하며(윤인진, 2009), 경제적으로 자립하지 못하고 정부의 지원에 의존하는 경향이 지속되고 있다(김미리, 2017: 5).

북한이탈주민 경제자립과 관련한 연구들은 고용지원금 기준으로 정착지원 및 취업활동 사례에 중점을 두고 진행되어 오다가 2015년을 기점으로 경제자립 방향에 초점을 맞추어 진행되었다. 다시 말해 사회정착보호기간 내에서 경제활동지원을 중점에 둔 정착지원현황 및 사회정착현황을 논의하던 것에서 벗어나, 2015년 이후 북한이탈주민 창업에 대한 관심이 높아지면서 소자본창업 및 간접경영을 다룬 연구들이 진행되기 시작하였다. 이시기 윤승비(2015)는 북한이탈주민의 경제활동을 통해 스스로 경제자립을 하기 위해 소자본창업 및 간접경영을 다룬 연구가 없다고 지적하면서, 북한이탈주민 경제자립 및 정착지원 방향의 패러다임을 바꿔야 하는 시기라고 강조하였다. 과거 북한이탈주민재단의 초기사업으로써 2010~2011년 현대차 미소금융과의 협약체결을 통해 탈북자 창업지원을 시도하였던 점과 NGO단체의 북한이탈주민 프랜차이즈 창업자금 일부를 지원하는 사업 등을 통해 탈북자 소자본 창업의 기초적인 문제들을 다루기도 하였다. 모든 사업은 경험적 가치가 부족한 점으로부터 기대에 미치지 못하고 실패하는 경우가 많았다. 그러나 실패한 사례들에도 불구하고 소자본 창업을 시도하거나, 간절히 원하는 북한이탈주민의 수가 증가하면서 소자본 창업에 대한 성공사례 및 구체적인 매뉴얼이 필요하였다. 특히, 소자본창업이 가능한 업종과, 경험이 부족한 북한이탈주민이 자립 가능한 경영시스템이 무엇인가를 걸러내는 것 또한 중요한 과제이기도 하였다. 왜냐하면, 초기 창업자금 지원을 받아 창업을 하였더라도 모두가 성공하지 못하였지만, 사업의 성공여부를 떠나서 개인 창업에 대한 북한이탈주민의 관심이 크기 때문이다(윤승비, 2015: 4). 이질적인 경제시스템에서 새로운 노동시장을 개척하는 것은 결코 쉬운 일이 아니며, 시장경제를 이해하지 못한 상태에서 창업을 하는 것은 큰 손실을 염두에 둘 수밖에 없는 것이다. 때문에 소자본을 가지고 간접경영을 하게 된다면 손실을 줄이고, 안정된 경영을 통해 경제자립의 기초를 다져갈 수 있을 것이라고 보았다. 이러한 문제를 해결하기 위해 소자본으로 프랜차이즈 편의점을 운영하는 것은 경제적인 위험이 적다는 측면에서, 이와 관련된 연구가 필요하였다. 또한 편의점 운영을 하면서 얻게 되는 노하우와 어려움을 극복하면서 자립에 성공할 수 있는 요인이 무엇인가를 알아보는 것도 중요한 문제이다. 본 연구를 수행함으로써 북한이탈주민의 경제활동참여와 경제자립지원을 위한 기초자료와 대안을 제시할 수 있을 것으로 사료된다.

따라서 본 연구에서는 편의점 시작 동기, 운영에서의 어려움, 과정을 거치면서 얻게 된 경험적 가치와 성공요인은 무엇인가를 알아보는 것이다.

2. 북한이탈주민 창업지원과 경제자립

1) 북한이탈주민 경제활동 현황

북한이탈주민 입국자는 2020년 9월 기준으로 33,718명이다. 〈표 1〉에 따르면, 입국자중 72%가 여성이며 입국자중 20~30~40대 연령이 대부분을 차지하고 있다.

〈표 1〉 북한이탈주민입국자 연령 현황

구분	0-9세	10-19세	20-29세	30-39세	40-49세	50-59세	60세 이상	계
남	651	1,696	2,614	2,142	1,376	572	341	9,392
여	645	2,103	6,951	7,521	4,578	1,453	994	24,245
합계 (명)	1,296	3,799	9,565	9,663	5,954	2,025	1,335	33,637

출처: 통일부, 2020. 9.월 북한이탈주민 입국자 연령별 현황

최근에 입국하는 20대 30대는 북한사회의 배급체계가 붕괴되고 장마당을 통해 자생한 세대이다. 대한민국에 입국한 이들에게 경제활동을 통한 경제자립 실현에 대한 욕구는 이전세대에 비해 상당히 높다고 볼 수 있다.

2015년 이전의 연구에서는 남한사회 정착 이후 빈곤선 100% 미만은 남한 인구의 2배 수준으로(24.5% vs. 12.2%) 남한 정착 기간이 길어지면서 중산층 진입에 성공하거나, 심각한 빈곤에 고착되는 집단으

로 분리되는 현상으로 해석되고 있다(통일부, 2009).

또한 북한이탈주민의 52.3%가 국민기초생활보장 수급자이며, 취업자 중에서도 수급자는 24%로, 국민기초생활보장 수급자를 벗어나지 못하고 있음을 시사하고 있다(통일부, 2009; 윤승비, 2015: 9).

기존의 북한이탈주민 경제활동은 북한이탈주민 보호정착 기간 내 직업훈련 및 취업(고용)에 초점을 맞추었기 때문에 초기 경제활동에 참여하지 못하거나, 재취업에 실패하게 될 경우 대체적으로 경제자립에 실패하는 결과를 초래하는 것으로 나타났다. 이러한 문제는 북한이탈주민이 경제자립을 하지 못함으로서 영구적인 영세민으로 전락될 우려가 높았고, 사회정착에 실패하게 될 확률이 높다고 볼 수 있을 것이다. 특히 개인이 가지고 있는 성격의 특성과 취향이 다르기 때문에 기존형태에서 세분화된 취업지원방식을 모색하여 경제자립에 대한 지원을 위한 사회·심리적 특성을 고려한 맞춤형 직업·밀접·연계·경제·안정·활성화 프로그램 개발이 시급하였다(윤승비, 2015: 10).

특히, 초기정착기간이 지난 이후, 북한이탈주민 스스로 자립해 나갈 수 있는 프로그램을 개발하고 도입하는 것은 경제자립뿐만 아니라 성공적인 사회정착 지원을 위한 필수 조건이기도 하다.

〈그림 1〉 경제활동 참여현황

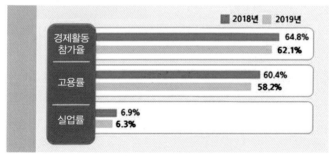

출처: 남북하나재단 2019년 북한이탈주민 경제활동실태조사자료 참조 2020.10.23.

이러한 문제를 해소하기 위한 노력은 2015년을 전후하여 비교해 보더라도 북한이탈주민 경제활동참여가 증가한 것을 알 수 있다.

〈그림 1〉의 2019년 실태조사 결과에 의하면, 2018년도에 비해 고용률이 2.2%P, 경제활동참가율이 2.7%P 낮아진 현상을 알 수 있으며, 실업률은 반대로 0.6%P 증가한 것으로 나타났다(남북하나재단, 2019). 1차 년도의 경제활동참여율을 비교했을때에는 이와 같은 결과가 타나나고 있으나, 2015년 이전의 경제활동참여율에 비교하면 상당히 증가하였다는 것을 알 수 있다.

〈그림 2〉 임금근로자 경제활동과 비경제활동인구

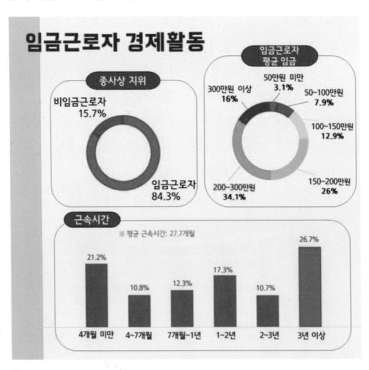

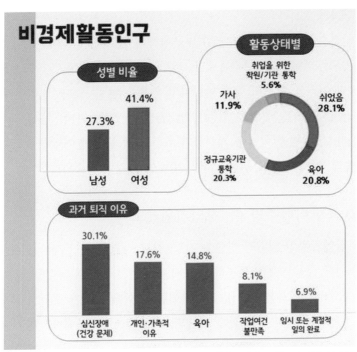

출처: 남북하나재단 2019년 북한이탈주민 경제활동실태조사자료 참조 2020.10.23.

조사에서는 임금근로자 84.3%, 평균 임금 '200~300만원 미만' 가장 많았고, 근속시간 '3년 이상' 26.7% 순으로 나타났다(〈그림 2〉). 성별에 따른 비경제활동인구는 여성(41.4%)이 남성(27.3%)에 비해 14.1%p 더 많은 것으로 나타났다. 비활동 인구 중 과거 퇴직이유를 묻는 질문에서는 '심신장애(건강 문제)'가 30.1%, 개인·가족적 이유 17.6%, 육아 14.8%, 직업여건 8.1%, 임시 또는 계절적 일의 완료 6.9% 순위로 나타났다(남북하나재단, 2019).

임금근로자의 경우, '근속 3년 이상'이 26.7%, '1년~2년 미만이 17.3%, '4개월 미만'이 21.2%, 평균 재직기간 27.7개월이었다(통일부, 2019).

이 결과는 윤승비(2015: 14) 연구에서 밝힌 평균재직기간 19개월보다는 오른 수준으로 나타나지만, 남한 전체 평균 재직기간 67개월에 비하면 아직도 현저히 낮게 나타나고 있음을 알 수 있다. 이러한 지표에 근거하더라도 실효성 있는 취업·창업을 뒷받침하며, 근무 환경을 개선하고, 차별적 인식을 개선하기 위한 노력 등 북한이탈주민의 안정적인 경제자립정착을 위한 세분화된 대안 마련이 필요하다.

2) 북한이탈주민 취·창업지원제도

북한이탈주민 일자리 창출과 자활·자립 지원을 위한 제도는 북한이탈주민의 고용문제를 해결하기 위해 지속적인 변화의 과정을 거쳐 왔다. 2005년을 기점으로 국내 북한이탈주민입국자수가 증가하는 현실을 정책에 반영하여 이전에 시행되던 「북한이탈주민정착지원법률」을 개정하고 '보호'에서 '자립'으로, 정착기본금을 축소하였으며 직업훈련, 취업, 자격취득 장려금 등으로 분리 확대되었다(윤승비, 2015: 17). 또한 2014년에는 취업지원 및 직업훈련지원에서 북한이탈주민 생산품우선구매 및 영농정착지원과 특별임용 등으로 변화 확대되었다(「북한이탈주민의 보호 및 정착지원에 관한 법률」, 2014.8. 자료편람). 기존의 정착지원제도로부터 북한이탈주민의 자립을 지원하기 위해 취업을 위한 일괄적인 관리보다 북한이탈주민의 입국 경과, 개별적인 능력, 취업을 위한 본인 능력 확보 등에 따른 대상별 취업 관리의 필요성이 대두되었다(조은상·김수원·선한승, 2012; 윤승비, 2015: 18). 북한이탈주민은 기존에 경험한 제도적 차이로 인해 자본주의 시장에 익숙하지 않기 때문에 공공영역의 보호 및 시장 체계 숙련 과정이 필요하며, 단계별 지원시스템을 필요로 하고 있다. 2014년 11월에 개정된 북한이탈주민 정착지원법률은 같은 연도 11월 29일 입국자부터 고용지원금지급이 전면 해제되고 미래저축형 개인자산형성 지원 방향으로 전환되어 2015년 1월 1일부터 시행되었다(윤승비, 2015: 18). 2014년 1월 21일 개정된 북한이탈주민 영농지원을 위한 법률(『북한이탈주민 정착지원관련법률』 제17조3)에는 영농을 희망하는 보호대상자에 대한 '영농 교육훈련, 농업현장 실습 및 영농자금 지원 등'의 지원내용을 개설하여 북한이탈주민 영농정착에 대한 지원을 2014년 11월 29일부터 시행하였다. 북한이탈주민 창업지원을 위한 주요내용은 다음과 같다.

탈북민 창업지원을 위한 주요내용은 영농창업과 생활자립형창업으로 나누어 볼 수 있다. 먼저 영농창업에서는 영농정착 성공패키지는 연 1~2회를 선발하여 기초영농교육(1개월), 선도 농가 영농실습(희망작목별 3~10개월)을 통하여 귀농 지원한다. 이를 위해 실습기간 동안 매월 영농실습비(탈북민/월 80만원, 선도농가/월 40만원)를 지원하고 있다. 또한 실습종료 후 귀농자에 한하여, 1인당 1회/최대 1,800만원 (1차년도 1,000만원, 2차년도 이후 800만원)한도 내에서 영농창업비를 지원하고 있다.

영농운영비는 일반 귀농으로 영농경력이 6개월 이상인 자를 연 1회 (10명 내·외) 선발하여 비료 및 종묘, 농자재 구입 등 영농초기 안착을 위한 운영비를 지원하고 있다. 1차년도: 1,000만원, 2차년도 이후: 500만원으로 1인당 최대 1,500만원 지원한다. 그리고 생활자립형 창업에서는 창업사업화지원, 기창업자지원, 창업연계형지원을 하고 있다.

여기서 창업사업화지원은 탈북민 기술·밴처분야 및 창업 아이디어 보유자 사업화 지원을 하고 있으며, 이를 위해 창업교육 및 컨설팅 지원, 시제품 제작, 마케팅·홍보 등 최대 1,500만원 지원하고 있다. 기 창업자지원에서는 탈북민 창업자 대상 경영개선 및 경영컨설팅지원을 하며, 1회 최대 350만원 경영개선자금을 지원하고 있다. 창업연계형 지원에서는 네일아트, 옷수선(리폼) 등 분야별로 연 1회 이상 대상자를 공모하여 5개월동안 창업교육, 현장실습 등을 거쳐 우수자를 최종 선정(분야별 2~3명)하여 창업을 지원한다. 또한 실습기간 동안 교육 생에게 매월 80만원의 교육지원비를 지원하며, 인테리어 등 비용지원 (1인당 1,000~2,000만원), 매장 선정 및 오픈 등 지원을 하고 있다.

3) 프랜차이즈 개념

프랜차이즈의 어원은 "자유를 주다(to free)"라는 뜻과 "노예로부터 해방"이라는 의미가 담겨있다. 이러한 뜻과 의미를 프랜차이즈 계약의 관계모형으로 설명하면 〈그림 3〉에서와 같으며, 편의점은 프랜차이저 (가맹본부)와 프랜차이지(가맹점)가 계약을 맺고 상표의 사용권, 제품 의 판매권, 기술 등을 제공한 대가로 가맹금, 보증금, 로열티 등을 지 불하는 시스템이며, 독점권을 가지고 상호의 사용, 상품 판매권, 영업 노하우들을 지원받아 운영하는 것이다(윤승비, 2015: 23-24).

〈그림 3〉 프랜차이즈 관계 모형

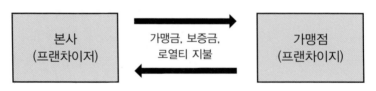

출처: 금영철. 1997. 「프랜차이즈 유통관리」. 대구대학교 출판부.

본사와 가맹점간의 제품과 기술을 제공하고 대가를 받는 가장 기본적인 사항 이외에도 본사가 가맹점에 제공하는 것은 상권 분석, 매장 디스플레이, 종업원의 훈련·교육지도, 광고, 금융지원 등 여러 지원이 있을 수 있다(윤승비, 2015: 25).

IFA(International Franchise Association)은 프랜차이즈 사업운영은 "프랜차이저와 프랜차이즈간의 계약관계인데, 프랜차이저는 프랜차이즈의 사업에 대하여 자기 사업에 있어서의 노하우와 교육과 같은 분야에서 계속적으로 이익을 제공하거나 지지하는 반면에 프랜차이즈는 프랜차이저가 보유하고 있거나 통제하는 유통의 상호, 양식(format), 절차(procedure)에 따라 영업을 행하고, 자기자본으로 자기 사업에 상당한 자본을 투자하는 것"이라고 정의하고 있다(이지호·임붕영, 1996에서 재인용, 윤승비, 2015: 25).

4) 경제자립

자립은 남에게 예속이나 의지하지 않고 자기 힘으로 스스로 해결하는 것이다. 다시 말해 그 누구에게 지배되지 않고 독립적으로 생활을 해 나가며, 삶의 만족도가 높다는 것을 포함한다. 독립적인 생활을 할 수 있다는 것은 이질적인 제도적 시스템에 당황하지 않고, 경영 및 경제적 지식과 다양한 경제참여활동을 통해 축적된 경험이라고 말할 수 있다(윤승비, 2015: 6).

경험은 짧은 시간에 얻어지는 것도 있지만, 자립을 위한 토대를 마련하기 위해서는 많은 기간이 소요된다. 평등과 분배원리가 공존하는 사회제도에서 자본주의 시장경제에 직면한 북한이탈주민에게 물질적·정신적으로의 적응은 쉬운 일이 아니다. 개인적인환경과 사회 환경이 복합적으로 정착과정에서 인과 관계의 교차적 역할을 제공한다고 볼 수 있다.

기존직업과 기술의 미스매치, 새로운 가족형성, 사회편견 등 북한이탈주민 개인이 감내해야 하는 변수는 너무나 많다. 또한 자신이 가지고 있는 자본과 분절된 노동시장으로 진입하기 어렵고, 높은 취업 장벽을 넘는 것은 쉽지 않은 일이다. 결과적으로 스스로의 자립은 새롭게 배우고 습득해야 하는 것과 새로운 사회 환경을 자기의 것으로 융화·융합해가야 하는 것이며, 그 속에서 끊임없이 숙련되어 가려는 시도가 필요하다. 특히 경제적으로 자립할 수 있다는 것은 적극적인 경제활동뿐만 아니라, 자본주의 시장경제를 이해하고 그 속에서 숙련하는 것과 자신에 대한 믿음이 중요한 요소이다.

주변 환경의 요인들이 경제자립을 위한 기초적인 역할을 해주기도 하고, 운에 더해지기도 하겠지만, 스스로 힘을 가지고 일어서는 것만큼 자립에 성공할 수 있는 무기는 없다. 정착지원 및 사회서비스는 자립을 위한 징검다리의 역할을 하는 것일 뿐, 북한이탈주민 스스로 경제적인 자립을 위한 노력을 기울여야 한다.

5) 편의점 창업

창업은 연령에 관계없이 무경험자도 가능하며, 특히 편의점 창업은 이 분야에 전문가가 아니더라도 본사가 제공하는 시스템에 따라 운영이 가능하다. 또한 독립창업에 비해 위험률이 적고 안전하며 투자비용 측면에서도 효과적이라는 장점이 있다. 하지만, 편의점 창업을 하려고 결심했다고 하더라도 사전 준비를 잘 해야 한다. 왜냐하면 편의점을 창업하였다고 해서 전부 성공하는 것이 아니기 때문이다. 편의점 운영은 본사가 제공하는 시스템 내에서 운영해야하기 때문에 본사 판매정책의 변화에 따른 리스크가 존재한다. 또한 본사에 대한 의존성이 높아지는 단점이 있으며, 가맹점만의 창의성이 상실된다고 볼 수 있다.

또한 매출변화를 주기 어려운 점, 영세한 가맹본사와 계약을 했을 경우 지원이 적으며, 본사 사정에 따라 영향을 크게 받을 수 있다.

그리고 본사의 방침 변경에 대하여 가맹점의 의사결정에 참여를 못한다는 것도 단점이 된다. 그러나 개인이 직접 창업을 하려고 한다면, 창업 준비금, 창업아이템, 경영에 대한 다양한 지식이 필요 되며, 창업이후 마케팅과 홍보 부분에 대해서도 구체적으로 설계해야 한다.

가맹본사와 계약을 체결하기 전, 점포의 위치, 유동인구, 주변 환경 등 세밀하게 분석하는 것이 중요하며, 준비된 창업자금을 투자할 때에는 편의점 오픈이후 추가 지불해야 하는 소소한 투자금을 염두에 두고 투자하는 것이 바람직하다. 프랜차이즈 편의점은 노동이 가능한 모든 연령에서 운영을 할 수 있지만, 특히 40~60대 북한이탈주민들의 경제활동과 자립을 위한 좋은 정착 아이템이라고 볼 수 있다. 단, 위에서 논의된 프랜차이즈 편의점 운영의 장·단점과 창업전 주의할 사항들을 정확하게 숙지하고 시작은 서두르지 말고 최선의 선택을 한다면 자립적 기초를 다질 수 있을 것이라고 본다.

3. 북한이탈주민 편의점 운영

1) 편의점 운영자의 일반적 특징

북한이탈주민의 사회정착과정에서 가장 큰 난제는 경제활동참여를 높이고 경제자립 기반을 만들어가는 것이다. 따라서 본 연구자는 2014년 당시, 두개의 편의점을 운영하면서 동일 브랜드를 운영하는 북한이탈주민 점주들을 대상으로 편의점을 시작하게 된 동기와, 운영 과정에서의 어려움, 안정된 운영의 노하우들에 대해 심층면담을 진행하였다. 〈표 3〉에서와 같이 편의점 운영자의 일반적인 특성을 상세하게 정리하였다. 편의점을 운영하는 북한이탈주민 점주들의 입국년도, 개업연도, 현재점포운영상황, 운영시간유형, 가족유형, 창업시작과 현재 나이 등으로 구분하였다(윤승비, 2015: 35).

〈표 2〉 편의점 운영자의 일반적 특징(2014년)

구분	입국년도	개업년도	현재점포운영상황	운영시간유형	가족유형	나이	
						시작	현재
A	2004	2011	운영중	07:00~24:00	부부	47세	51세
B	2006	2011	운영중	24시간	부부	37세	40세
C	2005	2012	운영중	24시간	모녀	47세	49세
D	2006	2008	운영중	24시간	형제	38세	44세
E	2005	2012	운영중	24시간	모녀	26세	28세

출처: 윤승비. 2015. "북한이탈주민 경제자립에 관한 연구: 프랜차이즈 편의점 운영사례를 중심으로." 석사학위논문. 35

조사 전 질문을 작성하고, 각 점포를 직접 방문하여 1회에 45분~120분 정도 평균 2차에 거쳐 조사를 진행하였다. 인터뷰에 참여하는 북한이탈주민 점주들은 각각의 개인적 특성을 잘 살려서 편의점 운영을 통해 얻게 되는 물질적·정신적 만족에 대해 자세하게 이야기 하였다. 면접을 통해 수집한 내용은 54페이지 분량이었고 분량 전체를 실을 수 없으므로 최대한 자료를 정리하여 기록하려고 노력했다.

2) 편의점 운영자의 사례분석

북한이탈주민 편의점 운영자와의 면담을 통해 얻은 자료는 4개의 상위범주, 30개의 하위범주, 56개의 개념이 도출되었다.

탈북민 편의점 운영자와의 면담을 통해 얻은 자료는 크게 4개의 상위범주(편의점 운영동기, 운영초기의 어려움, 운영초기의 어려움, 성공을 위한 노력 등)로 나타났다.

또한, 하위범주는 구직활동의 어려움으로 인한 경우, 본인의 개인적인 결심, 결혼과 출산이후 어려움, 문화적 차이, 건강으로 인한 어려움, 외적요인, 상품파악 어려움, 직원채용 및 관리, 회계처리 및 세무신고, 수익배분의 이해 부족, 입지 및 상원 유동인구에 대한 분석 미흡, 탈북자에 대한 주변의 부정적 인식, 본인 스스로 부족점을 극복하기 위한 노력, 책임성 높은 직원채용, 좋지 않은 이미지 변화 등으로 분류되었다.

개념으로는 근로계약 및 근로 소득의 문제, 부가세를 비롯한 세금지출의 문제, 계약유형에 따른 수익구조, 상품운영과 폐기상품비용 지원, 인근지역의 거주유형 및 유동인구 현황, 동일브랜드나 타 브랜드 경쟁점포로부터 매출에 미치는 영향, 언어 순화를 위한 노력, 양보와 배려를 위한 마음가짐, 함께 일하는 직원들과 원활한 소통을 위한 노력, 한결 같은 마음으로 고객 응대하기 등으로 나타났다.

(1) 편의점을 운영하게 된 동기

편의점을 창업하게 된 동기에서는 구직활동의 어려움, 창업을 해야 되겠다는 개인적인 결심, 여성일 경우 결혼과 출산·육아로 취업이 어렵고 취업하더라도 일을 그만둘 수밖에 없다는 점이었다.

먼저 구직활동의 어려운 점은 대한민국 입국 후, 탈북전에 종사하던 직업을 얻을 수 없다는 것이었고, 만약 취업하더라도 낯선 작업환경과 담당업무에 숙련되지 않아 업무처리에 미흡하기에 여러 가지 어려움이 있으며, 북한이탈주민에 대한 곱지 않은 시선과 사회적 편견으로 구직의 어려움이 있다.

또한, 노동시장에서 소수자에 대한 차별, 나이가 많아서 본인이 원하는 일자리를 잡을 수 없었고, 본인이 원하는 일터라고 하더라도 경력이 없거나 기술자격미달 및 조건 불충분으로 인하여 취업문이 좁다는 점이다(윤승비, 2015: 42). 북한이탈주민 점주 A씨는 탈북 전에 기업에서 지도원으로 일했는데 한국에 입국한 후 비슷한 일을 하려고 일자리를 찾아보았으나 유사한 직업이 없어서 일자리를 찾는데 힘들었다고 한다.

C면담자의 경우에도 유사한 경험을 이야기 하였는데 나이가 많으니 취업문이 좁고, 일하고 싶은 곳에서는 자격증을 요구하거나 경력이 있는지를 확인하기 때문에 어려운 취업조건들이었다고 한다. 계속하여 본인 같은 경우는 체격이 작다고 식당에서 일하려고 해도 받아주지 않았다고 한다. 결혼과 출산으로 경력이 단절될 수밖에 없는 여성의 경우, 자녀를 돌봐줄 가족이 없어 사실상 경제활동 참여는 생각할 수 없었다고 한다.

경제적인 어려움으로 가정환경이 위기에 처하는 현상도 종종 발생하는데, 자녀양육을 해본 북한이탈주민이라면 누구나 경험한 일이라고 한다. 어렵사리 구직에 성공하였다고 하더라도 미성년 자녀를 양육해야 하는 여성은 불안한 마음으로 일할 수밖에 없는 것이 현실이라는 것이다.

B씨의 경우에도 임신하고 6개월 된 이후 다니던 회사에서 일을 그

만두게 되었다. 비정규직이기 때문에 정규직과는 다른 차별적 근로를 하였음을 실감하는 시점이었다고 이야기 하였다. 여기에 사회적인 편견과 인식은 북한이탈주민이 경제활동참여를 저해하는 요소로 정신적·육체적 아픔을 낳고 결국에는 직업을 그만 둘 수밖에 없다고 한다.

D씨의 경우는 부모님을 따라 한국에 입국하여 대학을 졸업하였다. 대학을 졸업하면 모든 문제가 다 해결 될 줄 알았지만 취업의 장벽을 넘기는 쉽지 않았다. 사회경험이 적은 어린 연령층에서도 구직은 어려운 상황임을 알 수 있다(윤승비, 2015: 45).

계속하여 이들이 가지고 있는 편의점 운영 동기의 주된 관심은 사회정착초기 취업·경제활동참여를 넘어서 앞으로 대한민국에서 떳떳하게 살아갈 수 있는 경제자립기반을 만들어가는 것이라고 한다. 장사경험이 없는 이들에게 편의점 운영을 시도한 것은 소자본으로 간접경영을 경험하고 자본주의 시장경제를 이해하는 지름길이라고 생각하였기에 선택하게 되었다고 한다.

사례에서는 탈북 전 직업이 입국 후 직업과 연결되지 않아 취업하기 힘들고 경제적으로 어려움에 봉착하게 됨을 알 수 있다. 입국당시 연령으로는 경제활동참여가 충분한 것으로 보지만, 사실상 취업을 하기 위해 충족해야 하는 필수 조건들을 맞추려면 일정한 교육과 시간이 필요하다는 점이다.

또한 경제활동 참여는 인간이 살아감에 중요한 재화를 마련하는 일이기에 사회정착과정에서 중요한 문제라는 점을 밝혀낼 수 있다.

(2) 편의점 운영 초기의 어려움

면담에 참여한 북한이탈주민 점주들은 편의점 운영 초기 많은 시행착오를 겪었다고 이야기 한다. 가맹본사의 점포 오픈전 가맹점주들에 대한 점포운영 관련 교육이 실시되고 있지만, 북한이탈주민 점주에게는 낯설고 이해가 어려운 교육이었다고 한다. 점포오픈을 위해서는 먼저, 점포위치선정을 위한 상권과 입지에 대한 분석, 가맹본부와의 계약체결 및 점포의 임대차계약(보증금·권리금)을 과정을 거치게 되는데, 가맹점본사 개발팀의 도움이 없이는 혼자서 해내기 어려운 과정이었다면서 이 과정에서 얻은 경험은 값진 것이라고 말한다.

또한 점포를 오픈한 후에도 상품진열, 결제시스템 및 판매, 노무 및 세무업무, 인력관리, 홍보 등, 가맹점본사가 제공하는 시스템 이외에도, 입지에 따라 서비스를 제공하기 위해 도입해야 하는 여러 가지 판매시스템과 정부 및 지자체의 허가 및 보충교육을 받아야 한다. 직원을 채용하더라도 소통이 원활하지 못하여 인력관리에서도 어려움이 있다고 한다.

점포 운영과정에서는 북한이탈주민 점주의 말투와 역양으로 미묘한 이질적 편견이 나타나는데, 관심인 듯 아닌 듯 고객들의 시선이 좋게 느껴지지 않았다고 한다. 어쩌면, 선입견과 편견의 간격일 수도 있겠지만, 북한이탈주민 점주를 대하는 고객의 태도는 편견에 가까운 느낌이 들었다고 한다. 오랫동안 굳어진 언어를 점포를 운영하게 되었다고 순간적으로 바꿀 수 없는 일이다. 북한에 대해(고향이나, 정치적 집단, 사회문제 등) 집요하게 물어보는 것은 점주 입장에서 말하고 싶지 않거나 떠올리기 싫은 생각들이었을 수도 있었을 것이다.

운영초기이기 때문에 고객을 응대하고 판매를 하는데 서툴다는 것을 이해하는 고객도 있지만, 예외로 점주의 서툰 상황을 악용하는 고객도 있었다.

24시간을 운영해야 하는 편의점은 건강한 체력을 유지하고 즐겁게 일할 수 있는 환경을 조성하는 것이 중요하다. 점포운영에 집중하다보면, 자녀의 등하교를 돌봐줄 수 없고, 끼니도 제때에 차려 줄 수 없다. 점포운영에 숙련되기 전 까지는 가족들 모두가 바쁘고 힘든 시간을 보내게 된다.

북한이탈주민 점주의 내적인 요인이 운영초기 어려움으로 작용하지만, 사회적 편견과 같은 외적인 요인도 편의점 운영에 어려움을 제공한다. 북한이탈주민에 대한 사회적인 편견은 개인이 가지고 있는 기존 인식에서도 비롯되지만 언론매체를 통한 정보 등에서 전하는 내용을 운영자에게 문의를 하는데 지속적으로 질문하는 현상은 운영자의 심리적 자극과 스트레스로 작용하여 정신건강뿐만 아니라, 영업피해로까지 이어지기도 한다(윤승비, 2015: 52). 같은 질문을 받더라도 결국 점주들 자신의 속성에 따라 서로 다른 태도를 보일 수밖에 없다. 면담에 참여한 E씨는 고객이 묻는 질문을 들어보면 의심을 가지고 물어보는지, 아닌지를 알 수 있기 때문에 여러 번 반복하여 묻는 질문 때문에 스트레스를 받았다고 한다. 결과적으로 물음에 자세하게 설명하는 점주가 있는 반면, 질문자체를 거부하고 싶은 북한이탈주민 점주도 있기 때문에 점주에 대한 작은 배려가 필요한 것이다.

점포에 상품을 구매하는 고객이 많은 틈을 이용해서 상품을 구입한 후, 결제를 하지 않고 물건을 들고 살며시 빠져나가는 고객도 있다고 한다. 운영초기 미숙련된 점주가 겪는 일이기도 하지만, 점주를 대하는 고객의 편견이 개입되어 있는 문제라고 본다.

편의점을 운영하면서 판매와 고객응대 등에서 안정기에 들어서고 일정 기간이 지난 후에야 비로써 점포계약에 따른 배분수익구조에 대해 분석하게 된다. 가맹본사와 점주가 맺는 계약체결의 내용에 따라 수익배분이 다르기 때문에 면담에 참여한 북한이탈주민 점주들이 본사와 맺은 계약은 똑 같지 않았다.

가맹계약에는 여러 분류가 있지만, 면담에 참여한 북한이탈주민 점주들은 완전가맹계약(점주임대차, 본사임대차) 또는 위탁계약(상품준비금과 계약금 등) 두 개 유형이었다. A씨는 점포계약을 할 때 완전가맹이라고 이야기 듣고 계약을 했는데, 점포를 운영하면서 일정시간이 지나서야 신규점포와 전환점포가 어떻게 다른지, 그에 따라 가맹유형도 다르다는 것을 상세하게 알게 되었다고 한다. 한달 소득이 한달간 판매된 매출량에 비해 차이가 많았기 때문에 수익배분과 수익금에 대해 분석하고 계산해 보게 되었다고 한다. 그러면서도 가맹본사의 관리시스템에 따라 점포를 운영하다보니 일정부분 안정된 수익구조를 이해하고 안심하게 되었다고 한다. 수익은 점주들이 가장 큰 관심이기 때문이다.

많은 상품을 기억하고 진열하는 것은 쉬운 일이 아니었다고 한다. 운영 초기 한국어표기의 외래어들로 굳혀진 상품을 발주하고 검수하는데 24시간이 모자랄 만큼 어려웠다고 한다. 수천가지의 상품 중에서 점포의 입지에 맞게 유동인구와 연령에 따라 순환이 빠른 상품의 종류와 개수 파악, 유통기간 체크, 폐기처분 등 익숙하기까지 쉽지 않았다. B씨는 밤새 상품을 익히고 입고된 물건들을 검수하느라 너무 힘들었다고 한다. 그러면서 발음하기 어려운 상품들도 있는데 점포를 계속 운영할 수 있을까 고민이 되기도 했다고 한다.

24시간 편의점을 북한이탈주민 점주 혼자, 또는 부부가 타 인력 없이 운영할 수 없는 일이다. 초기운영에서의 어려운 점은 직원채용과 관리에서도 나타나고 있다. 어떠한 직원을 채용하는가에 따라서 점포의 운영이 순조롭거나 어려움을 겪는다고 한다(윤승비, 2015: 60). 점포운영도 개인사업자인 만큼 종합소득세 및 부가세신고를 해야 한다.

대부분 가맹본사에서 일괄적으로 세무사에 의뢰해서 처리하기도 하지만, 북한이탈주민 점주에게는 첫 경험이다. 수익에 비해 세금이 많이 부과된다고 생각하는 경우도 있는데 E씨는 소득이 영세민이나 다름없는데 종합소득세를 징수하게 되니 속상했다고 한다. 초기사회정착이면서, 초보 점주에게는 세금이라는 용어가 낯설고, 지불해야 하는 금액에 대해서 납득이 되지 않는 듯싶다. 편의점 운영초기 북한이탈주민 점주들은 점포운영의 전반에서 다양한 어려움을 겪고 있음을 알 수 있으며 그러나, 어려운 환경과 상황을 스스로 극복하기 위해 노력하고 있음을 읽을 수 있다.

(3) 안정된 편의점 운영을 위한 노력

1년 이상 편의점 운영을 경험하면서 면담에 참여한 북한이탈주민 점주들은 직원을 내 가족처럼 대해주고, 점포를 찾아주는 고객들과의 원만한 유대관계를 형성하는 것이라고 말한다. 내 점포에 어떤 일이든 믿고 맡길 수 있는 좋은 일군을 채용하여 즐겁게 점포를 운영하는 것은 점주 모두가 바라는 마음이다. 직원과의 바람직한 대화, 점포관리를 하면서 발휘되는 그들의 태도에 대한 정당한 대우와 처우는 직원이 스스로 주인 된 마음으로 일할 수 있는 자세를 갖추게 하는 중요한 요소이다.

북한이탈주민 점주의 꾸준하고 성실한 점포 운영에 대한 평가는 점포주변의 업주들은 물론 점포를 찾아오는 고객들을 통해서 잘 알 수 있다. 면담에서 C는 아침 일찍 점포에 나와서 하는 일이 있다. 그것은 점포가 위치한 상가 주변을 깨끗이 청소하는 것이다. 점포는 조금 경사진 곳에 위치하고 있어서 아래쪽에서 점포까지 올라와 물건을 구입

할 가능성이 적다. 길게 늘어선 상가에는 치킨집, 피자가게, 커피숍 등 맞은편에는 동네마트도 있다. 그런데 고객님들은 그곳을 지나 편의점으로 오셔서 물건을 구입하군 한다. 내·외부의 환경이 늘 깨끗하게 정리되어 있고, 출퇴근길에 잠깐 스치는 인사가 그들의 발걸음을 이곳으로 옮기게 한 것이 아닐까.

점포를 운영하면서 터득하게 되는 마케팅전략과 홍보는 편의점 매출 증대를 위해 가맹본사가 주도하는 중요한 경영전략이다. 개인 창업을 한 경우라면 매출·수익 증대를 위해 창업한 당사자 스스로 고민하고 노력해야 하는 중요한 부분이다. 그러나 간접경영에서 장점은 이러한 경영전략을 편의점운영자가 직접적 관여를 하지 않아도 된다는 것이다. 다만, 시시각각 지원되는 가맹본사의 경영전략을 점포의 실정에 맞게 도입하고 성실하게 이행하는 것이다. 간접경영을 통한 경제활동과 다양한 경험은 자본주의 시장에서 자립할 수 있는 지름길을 마련하는 계기가 된다. 북한이탈주민 편의점 운영자는 경영에 대해 전무한 상태에서 운영초기 어려움이 있지만, 일정한 시기가 지나면서 경험을 쌓아가게 되고 정상정인 수익으로 안정적인 경제활동을 할 수 있어 자신감을 가지게 된다. 경험으로부터 얻게 되는 자신감은 성공적인 사회정착의 지름길이 될 수 있을 것으로 보고 있다(윤승비, 2015: 74).

점포 운영에서 자신감을 얻게 되면, 매출증대를 위한 새로운 고민을 하게 된다. 점주는 동일브랜드 또는 타 브랜드 점포들을 방문하여 상품의 구성과 실내 환경 등을 벤치마켓 하여 자기 점포의 활성화에 도움을 가져오기 위한 노력을 하였다(윤승비, 2015: 78). 북한이탈주민 점주 B씨는 점포 오픈 후, 일정기간이 지나 점포운영에 숙련이 되고나니 어떻게 하면 점포매출을 올릴 수 있을까를 고민했다. 그는 매출이 높은 동일브랜드 점포를 방문하여 노하우를 물어보고, 진열된 물건들을 메모해서 본인점포에 도입하기도 했다. 순환이 빠른 상품을 위주로 적절한 재고를 조절하면서 이익 창출을 위해 노력하였다. 초기 점포 운영에서는 시행착오가 많지만, 일정기간이 되면 점포운영에 숙련이 되는데 고객들과의 유대관계는 매출과 연계되는 중요한 문제이다. 운영초기 어려움을 잘 이겨내고 안정적인 계도에 들어서니 모든 것이 정리되어 갔다.

4. 맺음말

본 연구는 북한이탈주민 사회정착에서 중요한 경제자립의 문제를 편의점 창업 사례를 통해 알아보았다. 북한이탈주민은 체제의 이질성과 시장경제와 산업구조가 상이한 새로운 사회에 직면하는 만큼 사회에 정착하는데 어려움이 있다. 발전된 경제시스템, 사회·환경, 개방된 사회·문화에 익숙하기까지 고도화된 노력이 필요하다. 자유와 함께 찾아온 스스로 자립의 길은 북한이탈주민 자신이 개척해야 하는 과제이며, 앞으로 자신의 삶을 책임져야 하는 중대한 문제이다. 삶은 물질적·정신적 요소로 충족되고, 물질적 충족은 경제자립이 밑받침 되어야 한다. 경제자립은 경제활동을 통해 만들어지고 원만한 경제활동만이 정신적 충족을 가져다준다. 취업·창업으로 경제활동을 하는 것은 서로 다를 바 없으나, 북한이탈주민 개개인의 적성에 따라 경제활동 영역이 나뉠 수도 있다. 편의점 창업을 선택한 북한이탈주민의 경우도 경제자립에 대한 또 다른 견해를 가지고 있는 개인적 욕구가 다르기 때문이다. 그러한 욕구를 충족하기 위한 북한이탈주민 창업자는 창업초기 어렵고 힘든 상황을 직접적으로 부딪쳐가면서 문제를 해소하기 위해 노력하였다. 간접경영을 통해 새로운 목표를 설정하게 되었고, 정착보호기간이 지난 이후 자기스스로 경제적 자립을 위한 기반을 마련할 수 있었다. 편의점을 개업할 당시에는 몰랐던 창업과 관련된 전반적인 문제들이 편의점 운영이 안정기에 들어서면서 하나씩 정리되어 보이기 시작했다. 그러나 운영초기 실패를 하지 않으려면, 창업초기 준비부터 잘 해야 한다. 또한 가족의 지지는 불가능을 가능케 하는 힘의 원동력이며, 직원과의 협력은 점포운영의 효율성을 올려주는 운영방법이다. 주변 환경을 개선하고 친절과 성실성, 끊임없는 노력과 인내심은 점포매출 증대에 중요한 요소로 작용한다.

또한 정보화 시대에 전산업무의 숙련은 업무의 효율을 높이고, 정보의 습득은 활동반경이 좁은 공간에서도 자신의 사회화를 위한 교육적 가치가 있다.

편의점 창업에서 본 북한이탈주민 경제자립은 〈그림 4〉와 같은 모형을 도출해 낼 수 있다.

〈그림 4〉 북한이탈주민 경제자립 과정 모형

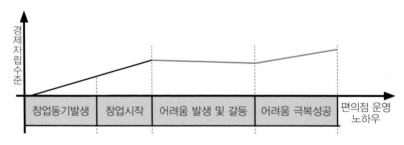

출처: 윤승비(2015). 북한이탈주민 경제자립에 관한 연구, 서울기독대 석사학위논문 87

본 연구는 북한이탈주민 편의점 운영자의 성공사례를 다룬 만큼 실패

사례도 염두에 두어야 한다. 때문에 실패한 사례들에 대한 원인을 파악하는 조사 연구가 필요하며, 여러 형태·종류의 창업에 대한 사례연구를 진행하여 창업관련 매뉴얼을 개발하는 것이 필요하다. 본 연구가 진행되던 2013~2014년 당시 북한이탈주민 창업자의 수는 손으로 꼽을 정도였다. 누구도 가보지 않은 길을 가는 것은 참으로 어렵고 힘든 길이다. 2020년 현재 다양한 업종에서 창업자의 수가 증가하고 있으며, 남북하나재단은 북한이탈주민 창업자 지원을 위한 다양한 정책지원을 실시하고 있다. 이 글을 통해 창업을 원하는 북한이탈주민들에게 꼭 하고 싶은 말이 있다. 즉, 서두르지 말고 천천히, 그리고 꼼꼼하게 계획하고, 자신이 즐겁게 할 수 있는 아이템을 선정하고, 자신을 끊임없이 개조하고, 매사에 성실하고 인내하라고 말이다.

면담에 참여한 북한이탈주민 편의점 점주들은 지금도 서로 소통하면서 건강한 사회정착의 길을 걷고 있다. 아래에 그들의 최근 소식을 전한다. A씨는 2020년 7월 말 10년간 편의점 운영을 마무리하고, 공공기간 정규직원으로 새로운 출발을 하였다. B씨는 5년간 편의점 운영 이후, 박사학위를 받고 공공기간 연구부에서 연구원으로 재직하며, D씨는 기자 및 작가로 활동한다. 운영자 C·E씨는 새로운 사업을 구상하고 있다.

'북한이탈주민은 먼저 온 통일이다.' 두 체제를 경험하고 이질적인 사고체계를 개조하면서 사회적응에 성공하고 있는 그들이 대견하고 멋지다. 이제 우리는 초기정착지원을 넘어 중·장기적인 경제자립 지원 모델을 만들어감으로서 든든한 사회정착 기반을 다져야 한다. 기존의 중앙정부의 지원사업을 넘어 이제는 지역을 중심으로 세분화된 중·장기 취업·창업연계지원사업이 필요하다.

지역별 우수사례 발굴과 꾸준한 경제활동 관련 모니터링은 북한이탈주민 개인의 경제자립과 경제수준을 끌어올릴 수 있을 것이다. 또한 저소득 지역주민의 경제자립과 소득수준이 높아진다는 점에서 동시적 효과라고 볼 수 있다. 우리에게 오늘만 존재하는 것이 아니기에 먼 내일을 내다보며, 현재 북한이탈주민 3만 3천여 명의 경제자립 성공의 기틀을 마련하여 통일한국의 귀중한 초석을 다져가야 될 것이라 생각한다(윤승비, 2015: 92).

참고문헌

김미리. 2017. "사례분석을 통한 북한이탈주민들의 경제적 자립유형에 대한 연구." 서울벤처대학원대학교 석사학위논문.

금영철. 1997. "프랜차이즈 유통관리." 『대구대학교출판부』 122.

박선민. 2010. "북한이탈주민 대학생이 인식하는 진로장벽에 대한 질적 연구." 숙명여자대학교 대학원 석사학위논문.

배영준. 2011. "북한에서의 인적자본이 북한이주민의 경제적 적응에 미치는 영향에 관한 연구." 고려대학교 석사학위논문.

윤승비. 2015. "북한이탈주민 경제자립에 관한 연구: 프랜차이즈 편의점 운영사례를 중심으로." 서울기독대학교 석사학위논문.

윤인진. 2007a. "북한이주민의 사회적응 실태와 정착지원 방안." 『아세아연구』 50(2): 106-143.

이지호·임붕영. 1996. 『외식산업경영론』, 서울: 형설출판사, 282.

조민혜. 2012. "북한이탈주민의 경제적 자립 방안에 관한 연구." 경기대학교 석사학위논문.

조은상·김수원·선한승. 2012. "북한이탈주민 자립형 직업교육훈련 모형 개발 연구" 『한국직업능력개발원』.

최형만. 2013. "북한이탈주민의 경제적 자립을 위한 사회적 기업의 역할에 관한 연구." 서울시립대학교 석사학위논문.

법제처 자료 검색일 2014.4.25.

『북한이탈주민의 보호 및 정착지원에 관한 법률』 검색일 2014.8.26.

북한이탈주민지원재단. 2011. 「북한이탈주민 경제활동실태 조사」.

북한이탈주민지원재단. 2013. 「북한이탈주민 경제활동실태 조사」.

북한이탈주민지원재단. 2019. 「북한이탈주민 경제활동실태 조사」.

통일부. 2020. 「북한이탈주민 입국자 통계자료」.

제5장

▌북한이탈주민 창업 토크쇼, 망고라면[*]

김영지[**] ▎

1. 머리말

　대한민국은 한국전쟁 후 불과 반세기만에 세계 최빈국에서 전 세계적으로 유례없는 비약적 성장이라 할 수 있는 한강의 기적을 일구었고 이와 같은 발전과정은 많은 국가와 기업의 벤치마킹 대상이 되었을 뿐 아니라 학자들의 주목을 받았다. 한강의 기적의 배경에는 정주영, 이병철로 대표되는 대기업군에 이어 90년대 후반 벤처기업들의 도전적인 기업가정신이 자리하고 있다는 분석이 있다(이민화·김영지, 2013: 1). 그러나 이러한 현상과는 대조적으로 2020년 현재 대한민국 경제

---

[*] 본 원고는 강원대학교 통일강원연구원에서 주최된 학술행사(2020.8.28)에서 발표된 초안을 수정·보완한 것임을 밝힙니다.
[**] 강원대학교 다학제 융합에너지자원 신산업 핵심인력 양성사업단 연구교수

는 저성장의 침체국면에 직면해 있다. 국가의 미래라고 할 수 있는 청년들은 공무원이나 대기업과 같은 안정적인 일자리에 취업하기 위해 노력하며 창업분야 원로들은 기업가정신이 사라진 대한민국 국가경제 운명을 낙관하지 않고 있다. 몇몇 학자들이 이러한 저성장 문제를 돌파할 수 있는 희망찬 시나리오를 제시하고 있는데 그것은 바로 북한과의 경제적 시너지를 창출할 수 있는 통일론이다. 이러한 맥락에서 아직 부가가치 측면에서는 대기업 창업자와 벤처 1세대와 절대적 수준에서 비교하기는 이르나 남·북한을 모두 경험해 본 특징이 있고 통일의 물꼬가 트이면 자발적으로 대북사업에 진출할 잠재력을 가졌다는 점에서 향후 한반도 미래를 논할 때 북한이탈주민 창업가 군(group)이 지니고 있는 가능성과 역량을 주목해야 하고 이들을 성장시키는 다양한 프로그램이 필요하다고 판단한다.

즉, 단순히 대한민국이라는 바운더리를 넘어 '한반도' 차원에서 미래를 이끌어가는 기업가 계보로 대기업군과 벤처1세대가 과거 이루어 '낸' 업적으로 주목받았다면 북한이탈주민 창업자그룹은 앞으로 미래에 이루어 '낼' 업적과 가능성에 주목할 수 있다는 것이다.

북한이탈주민 창업과 기업가정신 연구는 한강의 기적 뿐 아니라 대동강의 기적과 동시적으로 선순환될 수 있는 해답을 내포하고 있는 분야로 학문적, 실무적, 정책적 가치를 지니고 있으나 아직까지 이 분야의 연구수준은 양적 질적으로 초기단계에 머물고 있다는 평가가 압도적이다. 2020년 06월 현재 대한민국은 북한이탈주민 33,658명 시대를 맞이하고 있다. 이들의 성공적인 정착은 복지 차원 뿐 아니라 우리 사회의 통합과 사회비용 감소 측면에서도 중요하며, 앞으로의 통일한국을 대비한 자원관리 측면에서도 중요하나(정진화·손상희, 2015) 아직까지도 북한이탈주민 문제는 진영논리에서 자유롭지 않고 특히 북한이탈주민 창업을 활성화시키는데 정부차원의 움직임은 조심스러운 양상을 띠고 있다. 그러나 미래지향적이면서도 창의적인 발상을 통해 한반도 공동체를 만들어감에 있어 주체와 객체가 정해지지는 않았다고 생각하며 소외될 사람이나 희생양이 있어서는 안 된다고 생각한다. 과거에서부터 현재까지의 국가역량을 충분히 발현시키지 못하게 만든 지지부진한 진영논리의 프레임에서 이제는 벗어날 필요가 있다.

더불어 북한이탈주민 사회에서 과거와는 다른 변화가 감지되고 있는 현실을 주목할 필요가 있다. 여러 조사에 따르면 최근 입국하는 북한이탈주민의 대부분이 장마당 장사경험이 있고 이들이 향후 진로를 고려할 때 창업을 염두에 두기도 하며 국내 북한이탈주민 창업건수가 실제로 증가 추세에 있다.

그러나 현재 북한이탈주민 경제활동 지원정책은 사실상 창업보다는 취업에 집중된 실정이며(김영지 외, 2018: 268), 앞서 언급한 바와 같이 정책당국은 이러한 현상을 조금 더 지켜보자는 유보적 태도를 유지하고 있다. 이러한 상황에서 오히려 민간부문, 특히 북한이탈주민 스스로가 주도가 되어 북한이탈주민 창업생태계의 자생적 발전을 도모하기 위한 창조적인 활동들이 관찰되고 있다.

본 연구는 이러한 자발적이면서도 창조적인 활동이 향후 북한이탈주민 창업생태계를 발전시킬 수 있는 중요성에 착안하여 2019년 말에 이그나이트 이노베이터스(주)가 주도로 한 '망고라면(망설이지말고 함께라면)'이라는 북한이탈주민 창업생태계 활성화 이벤트의 특성과 경쟁력을 살펴보고자 한다.

이러한 각도에서 본 연구는 다음과 같이 구성되었다. 먼저 2장에서는 이론적 배경과 관련된 내용들을 차례대로 살펴본다. 3장에서는 본 연구의 연구방법에 대해서 소개하도록 한다. 4장에서는 연구방법을 통해 도출된 연구결과를 제시할 것이다. 마지막으로 5장은 결론 및 시사점으로 마무리하고자 한다.

2. 선행 연구

1) 한국사회의 북한이탈주민 현황과 창업지원제도

2020년 4월에 발행된 통일부의 『2020 통일백서』에 따르면, 지금까지 국내에 들어온 북한이탈주민 누적 인원은 총 33,523명이다. 이 중 여성 입국자는 24,160명으로 전체 입국자의 약 72%이며 여성강세를 보여주고 있다. 90년대만 해도 여성 북한이탈주민은 약 10%대를 보여주었는데 2000년대부터 증가세를 보여주고 있다. 여성 입국자가 남성에 비해 많은 것은 북한사회에서 식량을 구하는 일이 여성의 몫이며 직장에 소속되어 있지 않은 여성이 장기간 이동하는데 유리하기 때문이다(박명희, 2005). 남성들은 돈벌이가 안되는 직장에 의무적으로 출근하면서 감시를 받아 이동이 자유롭지 못하지만 여자들은 장사를 하면서 중국으로 갔다가 대한민국에 입국하여 정착하게 된다는 이 논리는 현재까지도 이러한 여성 증가세를 설명하는 주요 논리로 뒷받침되고 있다.

이러한 상황 속에서 최근 전문가들이 북한이탈주민 취업의 대안적 경제자립수단으로 주목하고 있는 것이 바로 창업인데 현재 창업에 대한 북한이탈주민 사회의 관심이 증대 추세에 있을 뿐 아니라(조봉현, 2015) 실제로 북한이탈주민 창업 사례도 증가(2015년 1,100명 추산, 2020년 정책당국 집계기준 약 2,500명)하고 있는 것으로 나타나고 있다. 뿐만 아니라 기존 창업자들의 생활만족도면에서 만족한다는 응답률이 높아 창업이 북한이탈주민 창업자들의 자립과 자활에 도움이 되고 있음을 시사하고 있다. 이와 더불어 북한에서도 장마당에서 장사 경험이 있기 때문에 남한에 와서도 장사를 하고 싶다고 하는 사람들도 심층인터뷰 과정에서 드러나고 있다.

김영지 외(2018)에서는 2018년 당시 정착지원제도의 내용은 창업보다는 취업에 집중되고 있다고 지적하였는데 2020년 통일부가 발간한 통일백서를 통해 그나마 진행하고 있는 창업지원사업의 내용을 확인할 수 있다. 이에 따르면 정부는 창업사업화 지원을 통해 기술, 벤처, 의료 등 다양한 분야의 업체를 지원하고 있으며, 수선/봉제, 네일아트 등 업종으로 지원을 확대해 나가고 있다. 또한 서울과 부산의 렛츠런파크 6개소의 푸드트럭 창업을 지원하였다고 제시하였다. 이러한 지원사업의 내용을 살펴보면 주요 키워드는 창업의 본질인 '도전'과 '문제해결'보다는 '안정성'에 무게가 쏠린다. 기존에 이미 창업하여 어느 정도 본 궤도에 오른 업체에 지원사업을 한다는 것과 진입장벽이 상대적으로 낮아 북한이탈주민이 영위하기 쉬운 업종에 대한 지원, 렛츠런파크 6개소의 '푸드트럭' 창업에 대한 지원 등의 내용이 바로 그것이다. 이러한 내용 등은 자본주의 사회에서 이루어지는 창업에 대한 잘못된 시그널을 북한이탈주민 사회에 전달할 수 있다. 업종이 기회형이 아닌 생계형 업종이라 할지라도 기본적으로 아이템선정, 자본조달, 상권분석, 시장분석 등의 과정을 통해 많은 시행착오와 어려움을 겪는데 모든 환경을 제공한 상태에서 사업을 운영하게 하는 방식은 보여주기식 성과창출에 가까운 것으로 창업과 자립의 본질과 부합하지 않는다고 판단된다.

2) 북한이탈주민 창업생태계

생태계(ecosystem)란 용어는 1935년 영국의 식물생태학자 탠슬리가 제창했다. 생태계는 어떤 지역 안에 사는 생물군과 이를 제어하는 무기적 환경 요인이 상호 작용하는 종합된 복합 체계로 비생물 요소와 생물 간의 상호 작용을 통해 순환 과정을 거치며 서로 유기적인 작용을 하면서 진화나 도태를 끊임없이 반복한다.

생태계란 용어의 출발은 과학적 개념에서 시작됐으나 용어의 활용 범위는 경제 현상에도 적용되어 다양하게 쓰이고 있다. 특히 창업생태계란 용어는 박근혜 정부가 창업을 활성화하고자 하는 의지를 표명한 '창조경제'를 제창하면서 이를 활성화시키기 위한 방법 중의 하나로 창업생태계를 강조하면서 집중적으로 재조명되기 시작하였다. 벤처업계에서 대부로 손꼽히는 고(故) 이민화 KAIST 교수는 의료기기업체인 (주)메디슨을 창업할 당시에 창업생태계가 발전하지 못해 모든 것을 각개약진해야 했고 이로 인한 어려움이나 시행착오를 후배 기업가들이 똑같이 겪지 않도록 그의 생애 후반을 던져 '벤처창업생태계'의 중요성을 설파함과 동시에 생태계를 육성하기 위한 기초인프라 정비사업에 헌신하기도 하였다.

한편 창업생태계 중에서도 각각의 이해관계자들의 상호 교류가 활발한 성숙된 생태계가 있는가 하면, 아직 창업생태계가 형성 초기단계에 놓여있는 분야도 있는데 북한이탈주민 창업생태계가 바로 그러하다고 판단된다.

생태계 관점에서 현재 북한이탈주민 창업생태계를 살펴 보면 대다수의 자영업자와 극소수의 기술기반 벤처창업자들로 구성되어 있다. 북한이탈주민 창업자들간의 유기적 연계와 협력을 위해 NK경제인연합회와 같은 조직들도 존재하고 있다. 그간 북한이탈주민 창업생태계에서 창업의 산파 역할을 해왔던 남한 종교단체나 전문성을 지닌 개인들의 역할도 논의에서 빠뜨릴 수 없다. 더불어 북한이탈주민 창업자들 중 성공적인 정착을 한 이들에 대한 남북하나재단의 창업자금 일부 지원 및 동영상 제작을 통한 홍보 역할도 창업자들의 이미지 제고에 중요했다. 또한 북한이탈주민 창업생태계에는 이 분야를 집중적으로 연구하고 있는 연구자들이 약 20년간 간헐적으로 등장하고 있다. 몇 년 전까지만 해도 북한이탈주민 출신의 연구자가 많았는데 최근에는 남한출신 연구자, 외국인 연구자 등과 같이 다양한 연구자들이 이 분야에 관심을 기울이고 있다. 연구와 실제가 선순환되어야 정책적 기초자료 마련 등을 통해 지속가능성을 추구하는데 도움을 받을 수 있지만 아직까지 이 분야는 연구가 보다 수월해질 수 있는 플랫폼 등 기초인프라의 구축이 요원할 뿐 아니라 북한이탈주민 창업자에 대한 접근성이나 데이터베이스 구축, 체계적 관리가 전반적으로 미흡하다고 평가할 수 있다. 한편, 생태학은 존재하는 구체적인 세계 속에 뿌리를 두고 타자와 분리시킬 수 없는 상호 연관된 체계를 구성한다는 것을 주요 개념으로 하여 구조, 환경, 조직 간의 계층구조(hierarchy) 및 창발성(emergence) 등의 요소들을 중요한 의미로 포함하고 있다(류준호·윤승금, 2010). 생태학의 요소들은 다양한 분야에서 때로는 요소로, 때로는 개념으로 중요하게 차용되어 사용되고 있는데 사회적 관계의 관점에서 생태계 주요 50개 요소를 유형별로 정리하면 크게 생태계 내 존재들 간의 협력과 조화를 통한 공존 추구라는 상호관계성, 자기 조절 및 순환과 생산적 관점의 독창성을 보유한다는 것, 소수 종 같은 문제를 포함하는 구성원의 다양성 등의 유형으로 분류할 수 있고(류준호·윤승금, 2010) 이와 같은 자연 생태계의 주요한 특성들은 본 연구의 결과를 해석함에 있어서도 풍부한 내용을 제시하고 있다.

3) 토크쇼에서의 북한이탈주민의 공적 말하기

토크쇼는 대담의 형식을 통해 주로 사적 경험을 소재로 하여 재미, 감동, 공감 등을 자아내기 위한 장르인데, 토크쇼에서 중요한 것은 사적 경험에 대한 진술이 회상과 증언 혹은 고백 등을 통해 이루어진다는 것이다(태지호·황인성, 2012: 108-109). 국내에서 북한이탈주민이 등장하는 토크쇼의 기원은 정확히 언제부터였는지 알 수 없으나 대표적인 프로그램으로 〈이만갑: 이제만나러갑니다〉와 〈모란봉: 모란봉클럽〉을 꼽을 수 있다. 공적 영역에서 말하기의 경험은 사회의 공적 주체가 되는 과정이라는 점에서 북한이탈주민 자신에게 각별한 의미를 지닐 수 있고 대개 북한이탈주민들은 경험을 말하는 과정에서 때로는 '희생자'가 때로는 '정치적 투사'가 된다(이선민, 2014: 83). 특히 이선민(2014)의 연구에서는 〈이만갑〉의 공적 말하기 구조와 맥락을 다음과 같이 면밀히 분석하였다.

이선민은 공적인 말하기 상황의 구조를 사회자와 참여자로 나눈다. 우선, 사회자는 적극적으로 문제들을 부과하고 시청자의 대변인을 자처하며 자기 발언에 권위를 부여하고 발화를 자르거나 막음으로써 검열하는 역할을 한다고 하였다. 참여자는 세련된 외모의 탈북 여성들이 말로 때로는 춤과 노래로 자신을 표현하며 일상에 부대끼는 생활인으로서의 이주여성과 다르게 그려질 뿐 아니라 어둡고 무거운 전형적인 북한이탈주민의 이미지에서도 벗어나 있다고 하였다. 이러한 맥락에서 프로그램 내에서 드러나는 참여자들이 위치성은 크게 세 가지로 정치적 망명자와 이등시민 그리고 인정받아야 하는 국민으로 분류하였다. 정치적 망명자와 관련하여 정치적 목적없이 북한을 나오는 탈북도 반북으로 해석하고, 반북은 친남으로 해석하는 특징이 있다 하였다. 이등시민과 관련하여서는 프로그램이 탈북 여성들이 전통적, 후진적, 덜 문명화된 북한의 관습에서 벗어나 근대적, 선진적, 문명화된 남한의 문화와 규범에 동화될 것을 전제하였다고 분석하였다. 인정받아야 하는 국민과 관련하여서는 탈북 여성들이 외부자로서 자신들을 북한 사람들과 다른 사람으로 규정함으로써 새로운 정체성인 남한 국민의 정체성을 구현하고 북한을 적극적으로 타자화, 이국화 함으로써 자신을 일부 부인하고 그럼으로써 승인받는 모순적인 과정에 자발적으로 들어가고 있다고 분석하였다.

북한과 교류하는 과정일지라도 엄밀히 말하면 정치적 대립상황에 놓여있기 때문에 개인의 발언은 개인의 발언에 머무르지 않고 불가피하게 공적인 성질을 띠게 되는데(조영주, 2004: 50-51), 위 내용에 따르면 〈이만갑〉이라는 프로그램 속에서 참여된 북한이탈주민은 기획된 내용에 부합해야 하는 도구화의 대상이 되고 있는 것으로 나타난다. 〈이만갑〉과 〈모란봉〉에 대한 다른 연구에서도 〈이만갑〉은 북한이탈주민 및 북한 담론의 일방향 논리적 비약이 나타나고 있다고 하였으며, 〈모란봉〉은 북한이탈주민 및 북한 담론의 단순한 흥밋거리로의 환치라는 문제점이 드러나고 있다고 하였다(강민경 외, 2017: 581).

3. 연구 설계

1) 연구방법론: 사례연구

최근 한반도의 미래를 보다 입체적으로 준비하고자 하는 취지에서 한국 특유의 창업특성을 살피기 위해 그 양은 많지 않지만 현장 중심의 사례연구가 집중적으로 수행되고 있는 분야가 바로 '북한이탈주민 창업과 기업가정신' 분야이다.

본 연구는 이그나이트 이노베이터스(주)가 2019년 11월 21일 실험적으로 실시한 북한이탈주민 창업토크쇼 사례의 기획 및 운영, 성과 전반에 대한 사례 분석을 연구목적으로 하고 있기 때문에, 이를 구체적으로 탐색해 보기 위해서는 단일사례연구가 최적의 연구기법이라고 판단하였다.

〈표 1〉 Yin이 제시한 단일사례연구가 정당화 다섯가지의 조건 중 본 연구 해당여부

구분	조건	본 연구 해당 여부
1	이미 잘 알려진 이론검증에 매우 중요한 사례가 있을 경우	–
2	사례가 매우 독특하거나 극단적인 경우	◎
3	하나의 사례가 대다수의 사례들을 대표하거나 매우 전형적인 특징을 가진 경우	◎
4	과거 과학적 조사가 불가능했던 현상을 하나의 사례를 통해 관찰하고 분석함으로써 새로운 정보획득의 기회를 갖게 되는 경우	◎
5	종단적(longitudinal) 사례연구	–

Yin(2011)이 제시한 단일사례연구의 정당화가 가능한 다섯 가지 조건 중 본 연구는 세 가지에 해당하였다. 일단 북한이탈주민이 기획하

고 북한이탈주민의 눈높이에 맞는 행사가 진행되었다는 점에서 사례가 매우 독특하고 눈여겨볼 가치가 있다. 더불어 최근 북한이탈주민 창업을 위한 이벤트성 행사가 생겨나고 있는데 이러한 행사의 선두격에 해당하는 행사라고 판단되어 사례들을 대표할 수 있는 특징이 있다. 더불어 본 연구는 무엇보다도 북한이탈주민과의 인터뷰를 통해 핵심내용들을 파악하였다. 북한이탈주민의 도움을 얻어 인터뷰를 진행하게 되면서 새로운 정보획득을 하는 기회를 갖게 되었기 때문에 본 연구는 Yin의 정당화 5대조건 중 3가지를 만족한다고 판단하였다.

사례연구의 본질은 실생활에서 벌어지는 현상을 깊이 있게 이해하기 위해 비즈니스 현장 속에서 나타나는 두드러진 특성을 조명하는 데 있다(김인수, 2000). 미국 뿐 아니라 국내에서의 경영학 분야 교육방식 또한 사례연구와도 밀접한 관련성을 갖고 있는데, 다양한 최신 사례들이 발굴되어 소개되고 있는 HBR(Harvard Business Review)과 같은 학술지가 사례교육 교재로도 활용되면서 사례연구와 선순환되고 있다(김영지 외, 2018: 274).

이러한 사례조사를 통한 탐색적 연구방법은 국내에서는 특히 90년대 말에서 2000년대 초 사이 벤처기업에 관한 연구가 초기단계에 돌입하였을 때 경영학자들에 의해 활발히 활용되기도 하였는데 이처럼 관련 연구물들이 충분히 축적되지 않은 연구상황과 환경을 감안하였을 때 컨텐츠와 컨텍스트를 복합적으로 살펴보면서 이해의 폭을 빠르게 확장할 수 있다는 것이 바로 사례연구가 가진 장점이라고 할 수 있을 것이다(김영지 외, 2018: 274-275).

연구 유형으로 다중사례연구가 일반적으로 단일사례연구보다 설득력 있는 연구로 인정되기도 하지만, 위의 표에서 살펴보았듯이 사례가 매우 특이하거나 중요하거나 혹은 새로운 정보를 제공할 때, 그리고 향후의 연구과제에 대한 다른 연구자들의 관심을 유도하는 역할을 한다는 측면에서(Yin, 2009) 단일사례연구도 최근 많은 관심과 주목을 받고 있다.

2) 사례 선정 및 자료수집

본 연구의 대상으로 선정한 이그나이트 이노베이터스(주)가 주도적으로 기획하고 운영하고 있는 망고라면 토크쇼 프로그램은 지난 2019년 11월에 첫 출발을 시작하였으며 2020년에 추가 3회 진행을 예정 중이다.

이러한 맥락에서 망고라면 프로그램이 어떻게 기획되었고, 운영되고 있으며 그 성과가 어떠한지를 살펴보기 위해 이와 관련된 다양한 자료를 확인하였고 이를 기초로 이그나이트 이노베이터스(주)의 핵심 기획 운영자인 강성우 대리와의 인터뷰를 총 3회 기획하여 진행하였다. 인터뷰는 인터뷰 대상자인 강성우 대리의 동의를 얻어 2020년 6월에 진행되었다.

인터뷰 질문은 크게 사업운영내용과 관련하여 진행과정, 토크쇼 내용, 참여자 반응에 대해 구체적으로 질문하였고 그 밖에도 토크쇼를 기획하게 된 배경, 기획의도 및 비전 등을 질문하였다. 인터뷰가 이루어지기 전 어떠한 내용으로 인터뷰가 될지 숙지하도록 도왔으며 이를 기반으로 인터뷰 당일에 인터뷰가 진행되었다. 또한 필요시마다 조사목적에 도움을 줄 수 있는 관련 자료를 요청하여 사실내용을 확인하였다. 본 연구의 구체적인 진행사항은 권기환·이춘우(2008)에서 제시된 중소기업 사례연구 절차를 준용하였다.

우선, 연구문제를 설정하였다. 연구문제는 (주)이그나이트 이노베이터스가 주최 및 주관이 되어 이루어지고 있는 망고라면 프로그램의 대표적 특성들은 무엇이고 어떠한 맥락에서 진행되고 있는가로 정하였다. 다음으로 자료수집과 관련하여서는 1차로 망고라면 프로그램과 관련한 언론보도 탐색 등 사전조사가 이루어졌고, 2차로 (주)이그나이트 이노베이터스 망고라면 핵심 기획 및 운영자 인터뷰가 3회(2020년 6월 13일, 2020년 6월 20일, 2020년 6월 28일 각각 2시간씩 소요) 진행되었다. 3차로 전화통화와 이메일을 통해 관련자료 요청이 이루어졌으며 다음으로 자료분석과 본 연구의 학술적/실무적 공헌사항 및 한계점을 도출 후 후속연구방향 제시 작업이 완료되었다.

3) 분석틀(framework)

본 연구는 연구대상인 탈북민 창업토크쇼에 대한 효과적인 분석을 위해 본 연구와 같이 단일 교육프로그램 운영사례를 분석한 이재진 외(2017)의 연구에서 채택한 분석틀을 참조로 하되, 이 분석틀을 보완하여 수정한 김영지 외(2018)의 분석틀을 적용하였다.

그런데 이재진 외(2017)에서 채택한 분석틀은 김석란·이영민(2013)의 분석틀을 수정 없이 그대로 채택하고 있음을 알 수 있고 분석틀의 구성항목은 프로그램의 목표, 대상, 내용, 운영방식으로 이루어져 있음을 알 수 있다(김영지 외, 2018: 276).

그러나 기존 분석틀은 프로그램 개발의 출발점과 운영과정까지는 살펴볼 수 있어도 결과적인 측면인 운영성과를 간과하였기 때문에 본 연구에서는 기존 분석틀에서 '성과' 부분까지 추가한 김영지 외(2018)의 분석틀을 수용하였다. 특히 사례분석 단계에서는 이선민(2014)의 연구에서 제시된 프로그램 속에서 드러나는 참여자들의 위치성을 중요하게 감안하였고 이밖에도 참여자들이 새롭게 만들어내고 있는 가치 등에 주목하였다. 이에 따라 토크쇼의 정수(精髓)라고 할 수 있는 성과 면에서 타 토크쇼 등과 비교 시 본 토크쇼만의 차별화된 포인트를 컨셉별로 추상화하여 총 네 개의 의미로 부각시킬 수 있었다.

4. 사례 분석

1) 주체로 서는 이방인

망고라면 프로그램은 창업을 통한 북한이탈주민들의 성공적인 남한 생활 정착과정을 이해하고 남한에서 북한이탈주민 창업가들이 창업과 정에서 겪었던 애로사항에 관한 경험과 대북창업아이템에 대한 아이디어를 공유하기 위한 목적으로 기획되었다.

"망고라면의 본래 뜻은 망설이지 말고 함께 해서 그 안에서 성장하자는 것이고요. 북한이탈주민창업토크쇼 자체를 위한 타이틀은 아니었어요. 사실 우리나라에서 취업도 어렵지만 창업한다는것도 어렵잖아요. 그런데 요즘 특히 청년세대들에서 관심이 많이 있는 분야가 창업이기도 한데.. 창업이라는게 실패확률이 높잖아요. 그렇다보니 혼자 감당하기 너무 어렵고 하다보니까 함께 뭔가 힘을 주고 그럴 수 있는 작명을 하고 싶었던거죠. 작명은 센터장님이나 저희와 같이 파트너로 협력하는 디자이너 분들이 계시는데 그런분들과 함께했고 배우고 나누고 같이 성장하고 해보자, 창업을 두려워하지 말자는 뜻으로 시작한 것이죠."

– 탈북민 토크쇼 기획자

〈그림 1〉 망고라면 토크쇼 행사포스터

출처: 내부자료

　기획 과정에서 가장 핵심이 되었던 것은 북한출신 창업보육매니저의 역할이었다. 남한출신 센터장과 북한출신 창업보육매니저의 인터랙션(interaction)을 통해 아이디어를 발전시킬 수 있었고 행사기획과정에서 가장 중요하게 여겼던 것은 보여주기식 이벤트가 아니라 참여자들의 입장과 눈높이에서 실속있는 도움이 될 수 있는 내용으로 다가가고자 하였다.

"이런 행사를 하면서 항시 염두에 두었던 것은 게스트로 오시는 창업자 분들도 유익이 되고.. 대상자들도 유익이 되고... 그냥 이그나이트 이노베이터스(주)가 주최측이니까 우리가 멋진일한다 이런거 보다도 창업자들이나 대상(참여자)들에게 도움이 될 수 있도록... 내실을 기하려고 노력했어요. 진짜 도움이 될 수 있는 그런 내용으로 기획해 보고 싶었습니다."

– 탈북민 토크쇼 기획자

기획 및 운영의 내실을 기하기 위하여 북한이탈주민들은 남한창업자보다 북한이탈주민 창업자들에게 긍정적인 자극을 받는다는 점을 감안하였다. 남한사람들은 원래부터 기반이 있으니 성공할 경우 그럴 수도 있다고 생각하지만 북한이탈주민 선배 창업자들에게서는 피부에 와닿는 현실적인 창업과정의 고민들을 디테일하게 들어볼 수 있을 뿐 아니라 정착의 지혜도 배울 수 있다고 판단하였기 때문이다. 그래서 망고라면의 강연자로 네 명의 북한이탈주민 창업가들을 섭외하게 되었다.

〈표 2〉 망고라면 진행 순서

시간		식순	비고
19:00~19:10	10′	참가자 등록	창업공간 운영진
19:10~19:25	15′	개회사 겸 발표	강성우 매니저
19:25~19:40	15′	북한이탈주민 창업자 강연 1	CEO A
19:40~19:55	15′	북한이탈주민 창업자 강연 2	CEO B
19:55~20:10	15′	북한이탈주민 창업자 강연 3	CEO C
20:10~20:25	15′	북한이탈주민 창업자 강연 4	CEO D
20:25~20:50	25′	'Free Talking'	강성우 매니저
20:50~22:00	70′	북한음식을 테마로 한 저녁식사 및 네트워킹	참석자 전원

〈그림 2〉 스케줄에 따른 현장 진행 모습

망고라면에 초대된 네 명의 북한이탈주민 창업자들은 북한이탈주민 창업생태계에서 대부분을 차지하고 있는 일반 자영업 분야가 아닌 기술기반 창업이나 기회형창업 등의 사업을 영위하고 있었다. 북한이탈주민 입장에서 성공가능성이 높을 수 있는 진입장벽이 낮은 분야를 집중적으로 소개하기 보다는 미래지향적으로 생각해 보았을 때 북한이탈주민 창업생태계의 발전을 도모할 수 있는 업종 분야를 선택한 것이다. 이러한 특징은 일반적인 남한사람이 기획의 주최가 된 창업 관련 행사에서 섭외된 창업가들의 창업분야와 비교했을 때 상대적으로 난이도가 좀 더 높은 창업에 해당하는 것으로 섭외를 위한 탐색 및 선택은 모두 북한이탈주민 창업보육매니저의 기획의도에 따른 것이었다.

"물론 제가 접근하고 섭외하기 쉬운 분들을 행사에 모셔올 수도 있었겠지만, 무엇보다도 북한이탈주민이나 남한사람 할 것 없이 젊은 친구들에게 창업에 대한 영감을 줄 수 있고 귀감이 될 수 있는 분들을 모셔보려고 노력했어요."

– 탈북민 토크쇼 기획자

이러한 행사운영에 기초가 된 기획의도 및 철학에 따라 망고라면 프로그램은 시도되었다. 북한이탈주민 창업보육매니저 뿐 아니라 북한이탈주민 창업가들이 모여 창업이라는 공통분모로 모인 청중들과 함께 호흡하는 토크쇼가 진행될 수 있었다. 이 모든 과정에서 핵심이 된 단어는 바로 '북한이탈주민'이었다. 링컨의 게티스버그 연설에서 '국민의, 국민에 의한, 국민을 위한 정부'라는 말은 민주주의를 가장 간결하면서도 알맞게 표현했다고 평가받고 있는데 본 토크쇼는 '북한이탈주민의, 북한이탈주민에 의한, 북한이탈주민을 위한 창업토크쇼'를 본질적으로 표방하고 있었다.

생태계에서는 생태계를 교란시키는 야생 생물(외국으로부터 인위적 또는 자연적으로 유입된 종이나 유전자 변형 생물체 중 생태계의 균형에 교란을 가져오거나 가져올 우려가 있는 야생 동식물) 등 번식력이 강한 외래종이 자연 생태계에 유입되면 토종 서식지가 잠식되어 생태계의 균형을 깨고 종의 다양성을 떨어뜨리는 등 심각한 문제를 일으킬 수 있어 정부는 이를 관리한다. 그런데 북한이탈주민 토크쇼는 북한이탈주민 창업자가 외부에서 유입된 이방인이지만 기존 생태계를 교란시키지 않으면서도 그들이 형성한 생태계의 발전을 스스로 '자기조직화(self-organization)'를 통해 도모하는 양상을 보여주고 있다. 자기조직화를 통해 외부로부터의 압력이나 관련 없이 스스로 혁신적인 방법으로 조직을 꾸려나가며 환경에 적응해 나가는 것이다.

2) 협력하는 괴짜들: 각개약진에서 개방생태계로

망고라면 토크쇼의 주요 내용을 살펴보면 토크쇼의 발제자라고 할 수 있는 A, B, C, D가 모두 같은 내용으로 발언한 것은 아니지만 대체로 자기소개로부터 시작하여 창업배경, 창업철학, 비즈니스모델, 탈북민과 창업에 대한 단상, 향후 계획 및 대북사업 비전을 설명하였다. 서로 다른 업종에서 종사하는 A, B, C, D의 창업스토리와 대북사업 계획은 참여하는 북한이탈주민들에게도, 남한사람에게도 흥미로운 자극이 될 수 있었다. 북한이탈주민 창업의 유형은 4가지로 나눠지는데(김영지, 2019: 194), 인맥과 전문성에 따라 이 둘을 다 갖추고 있으면 만능형, 전문성이 부각될 시 전문가형, 인맥이 강조될 시 벤치마킹형, 두 가지 다 없으면 맨주먹형으로 분류되는데 A는 만능형, B는 벤치마킹형, C는 맨주먹형, D는 전문가형에 속하는 것으로 분석되어 유형의 CEO사례가 다양하게 골고루 섭외되었다고 평가된다.

토크쇼 과정에서 전반적으로 부각된 가치는 누구의 비즈니스 모델이 더 훌륭한지를 뽐내는 데모데이(demo day)식의 경쟁이 아니라, 상호교류를 통한 이해증진과 협력을 통한 상생이었다. 기창업자의 생생한 창업경험과정과 대북사업의 비전이 예비 및 신규창업자에게 공유되는 네트워킹의 자리는 이 토크쇼가 일회성 이벤트 수준을 벗어나 향후에도 지속되어야 할 명분을 제공하고 있었다.

"〈망고라면〉행사가 좋았던 것은 많은 청년들이 창업을 도전하고 싶어 하지만 어떻게 도전할지 모르잖아요. 다양한 사람들을 만나 도전의식을 깨우치게 되는 공간이었던 것 같고, 네트워킹할 수 있어 좋았고, 창업을 시작하려고 하는 사람들에게 정말 큰 도움이 되는 자리라 생각합니다. 기창업자의 창업경험 공유가 특히 좋아서 함께 모일 수 있는 자리를 계속 만들어 이런 행사는 주기적으로 지속하는 것이 매우 좋을 것 같습니다."

– CEO B의 토크쇼 정성평가

"지난 해 저희가 진행했던 〈망고라면〉행사를 통해 탈북민 출신 및 일반인 예비창업자와 기창업자가 함께 만나 남한에서 창업하면서 어려웠던 점과 성공요인, 통일 후 사업아이템에 관해 나누면서 굉장히 큰 인사이트를 얻게 되었습니다. 〈망고라면〉행사를 통해 창업이라는 키워드로 우리는 북한과 남한을 이어줄 수 있었고 함께 공감하고 웃을 수 있었습니다. 여기에서 작지만 이미 온 통일을 보았고 들었고 느꼈습니다. 그래서 앞으로 이런 행사를 계속해서 진행해야 할 당위성을 발견하였습니다."

– 탈북민 토크쇼 기획자

여기에서 그치는 것이 아니라, 토크쇼에 모인 선배 창업자들은 향후 이 토크쇼가 어떻게 내용 및 형식상에 있어 구체적으로 진화해 나갈지에 대한 아이디어를 제시하기도 하였다. 이러한 아이디어는 아이디어로 끝나는 것이 아니라 2020년에 진행될 망고라면 토크쇼의 기획안에 반영되어 보다 업그레이드된 망고라면으로 발전할 수 있는 기반이 되었다.

> "제가 하고 싶은 일 중에 하나가 북한출신 창업자들과 남한출신 경제인 분들이 함께 모이는 경제인 포럼을 만들고 싶어요. 특히 지방에 정착하고 있는 탈북민들과 남쪽 분들이 함께 만나 더 나은 경제활동을 위한 토론 및 협의의 장을 만들고 싶었어요. 이그나이트 이노베이터스에서 진행한 〈망고라면〉행사가 창업을 하고 싶어하는 탈북민, 이미 창업하고 있는 탈북민, 일반 창업자 모두 한자리에 모여 논의의 장이 마련되어 창업이야기를 공유할 수 있어서 정말 좋았습니다.
> ― CEO A의 토크쇼 정성평가

생태계에서는 서로 밀접한 관계를 갖는 둘 이상의 종이 상대 종의 진화에 상호 영향을 주며 진화하는 것을 공진화(co-evolution)라고 한다. 협력하는 북한이탈주민 창업자들의 모습은 이러한 공진화의 증거로 설명할 수 있을 것이다.

3) 새롭게 발견된 종(種): 탈북민 창업보육매니저

망고라면 프로그램이 특별한 것은 기획 및 운영 전 과정에서 북한이탈주민인 강성우 창업보육매니저가 주축이 되었다는 점이다. 미국 NBIA(National Business Incubator Association, 약자로 NBIA)에 따르면 창업보육매니저란 기업의 요구에 맞는 비즈니스, 마케팅 및 관리자원을 개발하고 결집시켜주는 사람이다. 최근 들어 창업보육매니저는 창업보육전문매니저 자격증을 갖춘 사람을 의미한다고 협소하게 정의되기도 하지만, 국내 현업에서 창업보육매니저로 오래 근무하신 분들 중에는 아직까지 자격증을 갖추지 못한 분들도 존재하고 있는 상황이다. 통상 창업보육매니저에 대한 기존 연구들을 종합하면 기업이 경쟁력 있게 성장하는 과정의 촉매제 역할을 강조하고 있다.

강성우 매니저는 현재 이그나이트 이노베이터스(주)에서 2년째 창업보육매니저로 종사하고 있으며 그 또한 창업에 대한 꿈을 키워가고 있다. 그는 연세대 정치외교학과를 졸업하고 이그나이트 이노베이터스(주)에 입사하였으며 그 후 빠른 시일 내에 창업지도사 자격증을 확보하고 기업 내에서 엑셀러레이팅 등의 일을 배우면서 독자적인 프로젝트 등을 수행하고 있었다.

"저도 북한에서 어머니와 여러 장사들을 해본 경험이 있고 남한에 정착 후 대학교 때부터 창업에 관심이 있었지만 어디서부터 어떻게 시작할지 몰라 막막했었습니다. 하지만 필연적 기회로 현재 다니고 있는 회사에서 탈북민 최초 창업보육매니저로 근무하게 되면서 우리나라 창업생태계를 이해하게 되었고 창업에 대한 꿈은 확고해졌습니다. 저는 물론 그 자리에 참석했던 탈북민 예비창업자들의 목마름을 해소해줄 수 있는 창업지원 전문인력의 필요성을 느끼게 되었습니다. 탈북민 창업지원 전담 매니저를 교육&육성함으로 고용창출, 창업생태계 활성화, 탈북민의 성공적 남한생활 정착, 나아가서는 통일경제 활성화와 일자리 창출에 엄청난 기여를 할 것으로 기대하고 있습니다."

— 탈북민 토크쇼 기획자

이 토크쇼를 통해서 선배 북한이탈주민 창업가들은 일반 남한출신 창업보육매니저가 아닌 북한이탈주민 출신 매니저의 역할과 필요성을 인지했다. 강성우라는 상징성 있는 인물이 2년간 창업생태계에서 생존해냈다는 성공적인 실험결과를 기반으로 더 많은 북한이탈주민 창업보육매니저들이 필요하다는 것을 피력했다. 향후 북한이탈주민 출신 창업보육매니저가 다양하게 양성되면 북한이탈주민 창업생태계에서 수행하게 될 역할을 주목한 것이다.

"특히 탈북민 출신 창업보육매니저가 있어서 정말 좋았는데요. 매우 중요하다고 봅니다. 청년들이 창업이나 사업에 꿈이 있지만 어렵다보니 쉽게 접근을 못하고 있는데 매니저가 도와주면 잘 할 수 있을 것 같습니다. 사실 이스라엘처럼 창업 활성화를 위해 정부기관에서 적극 투자하고 지원해야 된다고 보지만 이그나이트와 같이 전문성을 갖추고 있으면서 틀에 매여 있지 않고 창의적 방법으로 탈북민 창업 생태계 문제를 풀어나갈 수 있다는 점, 창업성공율과 지속성을 도와줄 수 있다는 점에서 탈북민출신 매니저가 앞으로도 계속 많이 필요할 것 같아요."

– CEO A의 토크쇼 정성평가

"탈북민 출신 창업보육매니저 육성은 탈북민들에게 있어 가장 큰 도움이 되는 교육 중에 하나라고 합니다. 통계를 보면 20~40대의 탈북민 비율이 75%가 됩니다. 경제활동이 가장 왕성하고 창업을 원하는 연령대입니다. 자영업을 하고 싶어 하는 사람들의 비율도 50%가 되구요. 높아지는 시장성을 고려했을 때 교육사업이 정말 중요한 것 같아요. 그래서 새로 온 탈북민들에게나 창업을 원하는 탈북민들에게 창업을 도와줄 매니저 수요는 엄청나다고 생각합니다. 매니저 교육을 통해 창업생태계에 대한 시각이 열리고 이해도가 높아져 도전할 수 있게 되고 나아가서는 2천 5백만명 북한 주민의 창업생태계 활성화를 위해서도 없어서는 안 될 교육이라고 생각됩니다."

– CEO B의 토크쇼 정성평가

4) 포괄적 네트워킹을 통한 SMART 통일 실마리 탐색

망고라면 프로그램은 물론 북한이탈주민 창업보육매니저가 오퍼레이터가 되고 북한이탈주민이 주인공이 된 행사였지만, 관악구에 있는 낙성벤처밸리 관악 창업공간을 주축으로 창업에 관심있는 모든 사람들을 수용하여 진행되었다. 관악구는 서울대 후문부터 낙성대 일대까지 관악 '낙성대벤처밸리'로 지정하고, 창업을 지원하는 '관악창업공간'을 운영하고 있는데 낙성벤처밸리가 바로 그러한 취지로 운영되는 곳이다. 망고라면을 통해서 북한이탈주민 뿐 아니라 행사 당일 참여했던 40명 중 약 75%에 해당하는 남한 일반 주민들이 행사에 적극적으로 참여하며 탈북민, 창업, 통일에 관심을 표명했다. 특히 토크쇼의 2부였던 프리토킹 코너에서는 현장에 있었던 청중들의 질문을 모아서 발제자로 참여했던 북한이탈주민 창업자들이 답하는 형식으로 진행이 이루어졌다.

> "프리토킹에는 북한이탈주민 남한사람 할 것 없이 질문들을 많이 받아가지고... 즉석에서 청중들한테서 질문지를 받았었어요. 창업과 관련한 일반적인 질문들도 많이 나왔었고. 창업을 하는 과정에서.. 남한에서 창업을 하면서 뭐가 어려웠냐. 북한에 가서 창업을 해야 된다면 어떤 아이템으로 하면 좋을까? 서로 얘기하고.. 토킹하고.. 이런 시간을 가졌습니다 질문을 많이 받아서 시간이 좀 오버되었어요..."
>
> – 탈북민 토크쇼 기획자

이날 있었던 청중들은 창업, 대북사업의 기회 뿐 아니라 통일문제에도 상당히 관심이 많았다. 그런데 통일에 대한 답변은 같은 북한이탈주민이라도 시니어층과 청년층의 다른 생각을 명확히 보여주었다. 특히 북한 입장에서 보았을 때 현재 북한의 '장마당 세대'에 해당하는 20~30대 북한이탈주민 청년창업자들이 언급한 답변을 주목할 필요가 있다. 통일에 대한 청년층의 관심은 남한 뿐 아니라 북한 청년층에서도 저조해지는 양상을 보여주는 언급이 나타나고 있었던 것이다.

"하루하루 먹고 살기 힘든 주민의 입장에서는 통일은 추상적이고 와 닿지가 않아요. 부모세대는 어떨지 모르겠지만, 우리 세대는 그런 생각들이 있는 것 같아요. 사실 이제 남한에 와서 심적 여유가 생겨서 통일을 얘기할 수 있기도 한 것 같습니다."

- CEO C

"장마당 경제 이후 정권에 대한 신뢰가 낮아졌고, 내가 가진 것을 지키기 위해 신념을 지킬 것입니다."

- CEO B

북한이탈주민 창업 관련 기존의 그 어떤 연구에서도 이러한 분화현상(differentiation)은 보여주고 있지 않다. 그러나 북한이탈주민 창업자라고 해서 모두가 동질적인 생각을 갖고 있는 것이 아님을 보여주는 이러한 언급은 통일 또한 보다 현명하게 풀어나갈 수 있는 해답을 제공한다. 통일을 준비하기 위한 창업인적자원의 관리 차원에서도 그룹별 세분화를 통한 맞춤형 전략이 필요함을 시사하는 것이다.

이는 생태계에서 나타나는 창발성(Emergence)과도 연결이 된다. 개별적인 구성요소가 갖지 못한 특성이나 행동이 구성요소를 모아놓은 전체 구조에서 자발적으로 돌연히 부가적으로 출연하는 현상을 말한다. 흰개미 한 마리로는 아무것도 할 수 없지만, 흰개미가 여러 마리 모였을 때 개미집을 거대하게 만드는 등 상상도 못한 일이 벌어진다. 이와 같이 개별적인 개체에서 상상할 수 없었던 일이 집단에서 나타나는 현상을 창발현상이라고 하는데 토크쇼의 Q&A 세션을 통해 참여자들의 자연스러운 소통과 교류 과정 속에서 SMART 통일을 위한 단서가 탐색 및 발견된 것이라고 평가할 수 있다. 이와 같은 과정은 망고라면이 여타의 일반적인 창업토크쇼와 비교 시 지속가능하면서도 차별성 있는 행사로 부각될 수 있는 핵심이라고 판단된다.

5. 맺음말

이상으로 이그나이트 이노베이터스(주)가 추진했던 망고라면 토크쇼를 살펴보았다. 성과의 측면에서 살펴보면 네 가지의 특징이 있었다. 첫째, 북한이탈주민이 기존 생태계 교란을 유발시키지 않고 이방인이라는 객체에서 주체로 전환되는 과정이었다. 둘째, 다양한 업종을 대표하는 기존 북한이탈주민 창업자와 후배창업자들이 적극적으로 협력하는 공진화와 상생의 장(場)이었다. 셋째, 북한이탈주민 창업생태계에는 북한이탈주민 창업자 뿐 아니라 이들 창업의 성공을 제고하는 북한이탈주민 창업보육매니저도 존재한다는 것을 발견할 수 있었다. 넷째, 단순히 창업에 대한 이슈만이 다뤄지는 것이 아니라 통일을 위한 실마리가 창발적으로 도출되었다. 이러한 특징은 〈이만갑〉, 〈모란봉〉과 같은 기존 북한이탈주민이 참여하는 토크쇼에서는 찾아볼 수 없었던 획기적인 내용이라고 판단한다.

본 사례연구를 통해 검토된 내용을 기초로 시사점을 제시하면 다음과 같다.

첫째, 일회성 이벤트라도 추구하는 지향점에 따라 지속가능성을 담보할 수 있는 좋은 출발이 될 수 있다는 관점의 전환이 필요하다. 어떤 연구에서는 일회성 이벤트가 다소 평가절하되는 언급이 있었다(김영지 외, 2018: 288). 그러나 일회성 이벤트라도 행사가 지향하는 가치와 비전, 참여자들과의 소통 속에서 개인 기업의 성장 뿐 아니라 공동체와 창업생태계가 발전할 수 있는 단서를 발견할 수 있다면 존재의 목적을 달성했다고 평가 가능할 것이다.

둘째, 북한이탈주민이 창업을 할 때 참고가 될 수 있는 다양한 북한이탈주민 선배 성공스토리를 오프라인이 아닌 온라인을 통해서도 병행하여 제공할 수 있어야 한다. 일회성 이벤트는 오프라인에서 한 번으로 끝나지만 온라인을 통해 다시보기가 가능해지는 방법을 강구하면 지속가능해질 수 있다. 사실 망고라면 토크쇼는 코로나 시국이 아닌 상황에서 진행되었는데 최근의 상황은 이와 같은 상황에 대한 대처가 필요함을 시사한다.

셋째, 북한이탈주민 창업생태계에서 새로운 종(種)들을 계속적으로 발굴하고 육성해야 한다. 이번 토크쇼를 통해서는 북한이탈주민 창업보육매니저가 등장하였고 부각되었다. 그러나 북한이탈주민 창업생태계에는 창업가, 창업보육매니저 이외에도 투자전문가, 컨설턴트, 대북사업가 등 다양한 역할을 하는 이들이 있다. 이들의 삶과 역할이 집중적으로 조명되고 서로가 상생할 수 있는 자리로 망고라면이라는 행사가 기능하면 좋을 것이다.

넷째, 토크쇼 본연의 역할도 중요하지만 더 많은 재미와 경험이 참여자들에게 제공될 수 있어야 한다. 이를 위해서는 토크쇼 행사의 주최측, 즉 공급자 중심의 기획이 아닌 수요자의 니즈를 잘 반영할 수 있는 설계가 필요하다. 한편, 본 연구는 현재 대한민국에서 선도적으로 운영된 이그나이트 이노베이터스(주)의 북한이탈주민 창업토크쇼 프로그램을 단일사례연구를 통해 면밀히 탐색하였다는 학문적·실무적 의의가 있으나 다음과 같은 한계점을 갖고 있다.

첫째, 본 연구는 북한이탈주민 창업토크쇼 한 사례만을 살펴보았기 때문에 타 기관이 주최한 사례에서 얻을 수 있는 시사점은 결여된 측면이 있다. 이를 보완하는 추가적인 연구가 필요하다.

둘째, 북한이탈주민 창업토크쇼에 참여한 참여자들의 만족도를 정량, 정성적으로 평가한 자료를 보완해야 한다. 본 연구는 창업토크쇼 공급자가 제공한 자료를 중심으로 사례연구를 수행했는데 그것은 수요자 혹은 참여자들의 의견을 구하는 자료가 부재하였기 때문이다. 추후 망고라면이 추진될 시 이러한 부분이 적극적으로 논의되어 수요자들의 니즈를 파악할 수 있을 뿐 아니라 연구에도 도움이 될 수 있는 기초자료가 마련되어야 될 것이다.

이러한 연구의 시도는 북한이탈주민 창업생태계에 관한 보다 폭넓은 이해를 도모하는데 도움이 될 것으로 판단하는 바, 향후에도 북한이탈주민 창업 관련 사례연구를 지속적으로 수행해 나가도록 할 것이다.

참고문헌

강민경·백선기·남시호. 2017. "문화적 양극화, 탈북자 토크쇼, 정체성 혼란: 〈이제 만나러 갑니다〉와 〈모란봉 클럽〉에 대한 담화 및 담론 분석."『한국콘텐츠학회논문지』17(1): 567-584.

권기환·이춘우. 2008. "중소기업 사례연구: 의의, 절차, 그리고 개선방향."『중소기업연구』30(1): 141-164.

김석란·이영민. 2013. "기업 퇴직근로자 전직지원프로그램 비교분석."『실천공학교육논문지』5(1): 80-90.

김영지·문준환·전승범·최대석·이재범. 2018. "북한이탈주민 창업교육 사례연구: 'OK세프'프로그램을 중심으로."『한국창업학회지』13(2): 266-292.

김영지. 2019. "북한이탈주민 창업성공과정연구." 이화여자대학교대학교 박사학위논문.

김인수. 2000. "한국의 경영학연구 이대로는 안 된다."『경영학연구』29(3): 293-314.

류준호·윤승금. 2010. "생태계 관점에서의 문화콘텐츠 산업 구성 및 구조."『한국콘텐츠학회논문지』10(4): 327-339.

박명희. 2005. "중국내 탈북여성의 생존실태와 난민지위문제."『신아세아』35(3): 115-144.

이민화·김영지. 2013. "창조경제시대의 중소기업정책."『중소기업연구』35(3): 235-262.

이선민. 2014. "탈북 여성은 어떻게 말할 수 있는가? 텔레비전 토크쇼〈이제 만나러 갑니다〉(채널 A)에 대한 비판적 분석을 중심으로."『미디어, 젠터 & 문화』29(2): 75-115.

이재진·이현수·오원정. 2017. "내부마케팅 관점에서의 재취업 및 진로 교육프로그램에 대한 연구-L사의 사례를 중심으로."『취업진로연구』7(2): 59-78.

정진화·손상희. 2015. 『여성 북한이탈주민의 경제적 적응: 취업, 소득, 소
　　비』. 서울: 서울대학교출판문화원.

조봉현. 2015. "통일대비 북한이탈주민 창업활성화를 위한 정책과제." 『신
　　안보연구』 0(185): 149-182.

조영주. 2004. "북한 여성 연구의 자료로서 '증언'의 활용가능성." 『여성학
　　논집』 21(1): 37-78.

태지호·황인성. 2012. "텔레비전 토크쇼〈이제 만나러 갑니다〉(채널 A)의
　　탈북 여성들의 사적 기억 재구성 방식과 그 의미에 대하여." 『한국
　　언론정보학보』 60(4): 104-124.

통일부. 2020. 『2020 통일백서』. 서울: 통일부.

Yin, Robert K. 2009. *Case Study Research: Design and Methods*,
　　California: Sage publications.

Yin, Robert K. 신경식·서아영 옮김. 2011. 『사례연구방법』, 서울: 한경
　　사, 2011.

「중앙시사매거진」 2018/3/23

「헤럴드경제」 2016/2/24

창업이라는 테마를 통한
북한이탈주민의 재발견

송영훈·김영지

북한이탈주민 창업 연구를 하는 과정에서 열심히 살아가고 있는 북한이탈주민 창업자들을 만나러 현장에 나가 직접 대화를 나눠보면 그들에게서 느껴지는 분위기는 남한이 찢어지게 못 살던 시절 경제 건설에 앞장섰던 1세대 창업자들이 가지고 있는 기업가정신(Entrepreneurship)을 떠올리게 한다. 최초의 경험임에도 불구하고 이미 본 적이 있거나 경험한 적이 있다는 이상한 느낌이나 환상을 '데자뷰(deja vu)'라 하지 않았던가. 그런데 억척스럽게 살아가는 북한이탈주민 창업자들을 책상에서 이론적으로 만나는 것이 아니라 직접 발로 뛰고 현장에서 만나게 되면 이 생각이 자연스럽게 떠오른다.

1세대 창업자들이 분단 이후 전쟁의 상흔에서 일어나 여기저기를 뛰어다니며 위기를 기회로 삼아 도전하면서 비즈니스를 성장시켜 나가는 부분이 북한이탈주민 창업자들이 남한에 와서 연고없이 아무것도 없는 기반에서 일어나 아글타글 이악스럽게 살아가는 모습과 매우 닮아있다. 게다가 두 집단은 나라 앞일을 생각하는 마음이 남다르고 애

틋하다. 사회구조적 문제를 전혀 배제할 수는 없지만 대기업이나 공무원 취업에 집중하고 있는 남한의 젊은 청년들의 세태를 바라볼 때 故 정주영 회장을 포함한 1세대 창업자들에게서 느낄 수 있었던 그야말로 맨손으로 뭔가를 일으켜 세우려 한 기업가정신은 이제 남한에서는 찾아볼 수 없겠구나 싶었다. 그런데 그 뜨거운 열정을 다시금 발견하게 한 연구분야가 바로 북한이탈주민 창업 분야였던 것이다.

본 단행본의 저자들은 일반국민으로서, 북한이탈주민으로서, 외국인으로서 북한이탈주민 창업자와 이들의 창업에 관하여 연구하였다. 연구를 시작하게 된 출발점은 각자 모두 다르지만 저자들이 2020년 여름 강원대학교 통일강원연구원의 세미나에서 각자의 연구를 발표하고 학술적으로 교류하는 과정에서 공통적으로 느꼈던 것은 모두가 이들의 잠재역량에 주목하고 있었다는 점이다. 어떤 북한이탈주민들은 그들을 통일에 기여할 인적자원으로 생각하는 것에 대하여 그들을 수단화한다는 점에서 싫어하기도 하지만, 싫어하는 그 점이 북한이탈주민 창업자가 가진 큰 장점 중 하나라는 것도 간과할 수 없다.

모든 것이 정체되어 있는 정적(static)인 관점에서 살펴보면 북한이탈주민 창업자는 그냥 동네에서 간혹 살펴볼 수 있는 가게 사장님으로 보고 끝날 수도 있다. 그러나 동적(dynamic)인 관점에서 살펴보면 이들이 갖춘 매력을 입체적으로 살펴볼 수 있을 것이다.

그런데 현실은 어떠한가. 본 단행본을 읽어본 독자들은 느꼈을 것이다. 2021년을 살아가고 있는 우리가 북한이탈주민 창업 관련 연구를 수행하고 접근하는 방식이 굉장히 아날로그적이라는 것을 말이다. 게다가 정책당국이 북한이탈주민 창업자 수가 모두 몇 명인지 파악하는 것도 최근에 들어서야 이루어진 것으로 알고 있다.

이제 우리는 현실파악을 한 것에 만족하고 단지 수동적으로 적응해 나갈 것이 아니라 현실파악을 기초로 하여 미래를 선도적으로 준비하고 설계해 나가야 한다. 현실파악과 선도적 준비, 이 두 가지가 투트랙(Two Track)으로 접근되어야 하고 상호 선순환되어야 한다. 분단 상황 속에서도 북한은 정체하고 있지 않고 변화해 나가고 있다. 최근 외국 학술지에 게재한 북한연구자들의 연구를 살펴보면 북한은 경제적 변화 뿐 아니라 국제사회의 글로벌 스탠다드에 어떻게 부합할 수 있는지를 고민하고 있는 것으로 읽혀진다. 그리고 그런 변화하는 사회 속에서 탈북한 최근의 북한이탈주민들의 니즈(needs)와 특징도 제대로 분석할 수 있어야 하는 것이다. 이와 더불어 북한이탈주민 창업생태계가 어떻게 진화해 나가고 있는지에 대해서도 추적해 보고 관심을 가져야 한다.

이 뿐만 아니라 거시적으로는 북한이탈주민 창업생태계가 우리 남한의 창업생태계와 어떻게 상호 윈윈(win-win)할 수 있을지, 그리고 장기적인 측면에서 이들이 통일의 역군으로 어떠한 잠재능력을 펼칠 수 있을지에 대해서도 적극적인 연구가 필요하다. 이러한 연구를 위해서는 북한학을 전공한 학자 뿐 아니라 정치외교학을 전공한 학자, 사회학을 전공한 학자, 경영학을 전공한 학자 등 다양한 전공분야의 학자들이 머리를 맞대고 다학제 융합의 관점에서 이 문제에 접근하고 풀어나갈 수 있어야 한다.

이러한 맥락에서 고민하고 기획된 2020년 강원대학교 통일강원연구원의 북한이탈주민 창업 학술 세미나는 북한이탈주민 창업 연구 네트워크의 출발점이기도 하였다. 북한이탈주민들은 못 살고 어렵거나 어두운 범죄와 휘말려 있을 것이라는 부정적 인식에서 벗어나 자립에 성공한 북한이탈주민 창업자들과 그들의 창업에 대한 연구발표를 통해 어떤 세미나 참여자들은 새로운 희망을 발견했다고까지 참여소감을 제시하기도 하였다.

이 책을 읽는 독자들도 언론보도에서 종종 등장했던 북한이탈주민에 대한 부정적 시선 혹은 처량한 시선에서 벗어나 북한이탈주민을 다시금 재발견하는 시간을 가질 수 있을 것이다. 또한 북한연구를 하는 연구자들 중에는 북한이탈주민의 증언이 거짓된 부분이 있을 거라고 하여 잘 믿지 않는 경우를 발견하곤 하는데 북한이탈주민 창업 연구분야는 현장에서 북한이탈주민 창업자들이 몸소 겪은 창업과정과 팩트가 주목받는다는 특성상 그들의 구술이 신빙성 높은 근거가 된다는 점도 놓쳐서는 안 될 포인트라고 생각한다.

끝으로 이 모든 것을 종합한 결과이자 제안으로 독자들에게 한 가지를 권유하고 싶다. 이 책을 읽고 마음이 움직였을 때 이 책을 책으로만 읽고 끝내는 게 아니라 가까운 시점에 북한이탈주민 창업자를 한 번 찾아가 보라는 것이다.

블로그 등을 찾아보면 북한이탈주민 창업자들이 창업한 가게정보들이 많이 있다. 특히 남북하나재단 등에서 공식적으로 제시하고 있는 창업자 수기를 읽어보는 것도 추천한다. 북한이탈주민 창업자들은 단순한 연구대상을 넘어 우리와 공존하고 함께 상생해야 할 좋은 이웃이라는 점을 간과해서는 안 될 것이다.

한편, 「북한이탈주민의 보호 및 정착지원에 관한 법률」 제17조 6항에 '창업지원'에 대한 내용이 2021년 1월 5일자로 신설되었고 2021년 7월 6일부터 시행된다. 이에 따라 통일부 장관이 북한이탈주민의 창업을 위하여 행정적·재정적 지원을 할 수 있게 되었으며 절차 등 필요한 사항은 통일부령으로 정할 수 있게 되었다. 이제부터 많은 일들이 이 분야에서 단계적으로 추진될 것이라 보여진다.

아무쪼록 본 도서가 북한이탈주민 창업생태계를 이해하고 정책적으

로 발전시켜 나가는데 유용한 자료로 활용될 뿐 아니라 대중적 관심을
제고하는데 기여하기를 바라는 바이다.